1953

세월의 파도 속에서 깡으로 노를 젓다

1953년생

채종석

도서출판
계명사

목차

들어가며

자서전 쓰는 일을 두고, 며칠 동안 고민하였다. 나의 벌거벗은 과거의 모습을 공개하는 것에 대한 부담과 부끄러움 등 복잡한 마음으로 망설였다. 하지만 얼마 전 김형석 박사가 100세를 살아보니 70대였을 때가 인생의 황금기였다고 한 말을 떠올리고, 70세인 지금이 내 인생에서 황금기인데 죽은 후 비석을 남기느니 살아온 흔적을 남기는 것이 좋겠다고 생각했다. 나는 지금까지 과거 일에는 전혀 관심도 없었고, 생각해 볼 겨를도 없이 오직 앞만 보고 살아왔는데, 자서전 쓰기를 계기로 지난날을 되돌아보고 여생을 좀 더 보람 있게 살고 싶다.

오늘의 내가 있게끔 항상 응원하고 균형을 잘 잡아준 아내는 평강공주보다 더 현명한 여자이다. 이 글을 쓰는 데에도 아내의 격려가 힘이 되었다. 6.25 전쟁으로 황폐한 대한민국에서 억척스럽게 살다 보니 세대 간의 소통이 잘되지 않아 갈등이 있었는데, 이 글을 보면서 내가 그렇게 살 수밖에 없었던 점도 이해하는 계기가 되었으면 좋겠다.

외국에 처음 나가는 할아버지가 환전 창구에서 여직원이 "딸나($) 드릴까요? 애나(¥) 드릴까요?" 할 때 "딸 낳아 준다고? 애 낳아 준다고? 이왕이면 아들 낳아줘!"했다고 하듯이 각 개개인의 지식과 경험을 바탕으로 반응하게 되는데, 세대 간 벌어진 간격을 좀 더 좁힐 수 있으면 한다.

내가 70세가 되기까지 그동안 정성스럽게 때론 혹독하게 가꾸어온 나의 인생 열매가 그 모양이 별스럽고 덜 익었어도 '80억 인구 중에 이렇게 살아온 사람도 있구나' 하고 이해해 주면 좋겠다. 각본 없이 살아오면서 매번 주어진 환경에서 최선을 선택하려고 노력하였다. 매번 정답만을 선택하지는 못한 일들이 그림자로 남아있는 빛바래고 먼지 낀 지난 일기장을 펼쳐 보인다. 지난날을 회상하면서 글을 쓰다 보니 보람도 느꼈고 고생스러웠던 것도 행복하게 느껴져 이런 기회를 마련해 준 친구에게 감사한다. 기억에 의존해서 쓰는 글이라 상황은 맞으나 시기는 다소 부정확할 수 있다.

2023년 7월 27일

채종석

그림 이채원

제1장

인성은 우주의 기(氣)와 부모 DNA와의 합작인가?

사랑덩어리 외손자

큰 외손자 골프 스윙

2022년 큰 외손자가 초등학교에 입학했다. 연년생인 동생은 2년째 유치원에 다니고 있다. 두 외손자의 성장 과정을 보니 인성은 잉태되었을 때부터 결정되는 것 같다.

첫째는 돌이 되기 전에도 자기 성취욕구가 강하여 이유식을 떠 넣어주는 것도 매우 싫어했다. 음식을 흘리던지, 쏟던지, 그릇이 엎어져도 자기 힘으로 먹으려고 애를 썼다. 돌 때쯤에는 내가 골프 스윙을 하는 것을 보고 빗자루, 스윙 연습기, 막대 모양의 장난감 등을 무조건 휘둘렀다. 지금은 줄넘기를 배운지 6개월 정도 되는데,

친구에게 지지 않으려고 코피가 나도록 연습하여 1단 넘기는 약 400개, 2단 넘기는 40개 정도 한다.

둘째는 아주 딴판이다. 이유식도 반드시 떠 넣어주어야 먹는다. 생후 10개월쯤에 엄마, 아빠, 맘마, 빠이빠이 등 기본 단어를 몇 개만 알고 있을 때의 일이다. 늦은 가을에 갑자기 소나기가 오면서 천둥 번개가 치니 무서워서 바들바들 떨면서 내 품 안으로 파고들었다. 내가 "천둥소리 우

외손자들과 집다리골 휴양림에서

딸기를 좋아하는 작은 외손자 그림

르릉 소리 무섭지? 할아버지가 있으니까 괜찮아"하면서 등을 토닥여 주었다. 한동안 머리를 파묻고 있다가 내 품에서 고개를 빼꼼 내밀면서 "우르릉 빠이빠이" 하면서 손을 흔드는 것이 아닌가! 아니 어떻게 방금 알려 준 우르릉과 빠이빠이를 조합해서 무서운 소리가 저한테서 떨어지라는 표현을 한단 말인가?

둘째는 다른 능력보다 언어능력이 좀 더 발달해서 요즈음에는 어른들이 사용하는 단어를 잘 쓰고, 자기가 알고 있는 단어들을 최대한 활용해서 상대방을 설득시키고 협상하여 원하는 것을 얻어내곤 한다.

나의 성장기

나는 4남 2녀의 장남으로 태어났다. 할아버지는 독자였고, 아들 선호 사상이 강한 분이셨는데 내가 태어나자 매우 기뻐하셨단다. 내가 태어나서 아장아장 걸어 다닐 때, 어디에서 죽은 뱀을 주워 장난감인 양 끌고 돌아다녀서 모두들 놀라셨단다. 한마디로 겁도 없고 무서운 것도 모르는 아이였다고 한다. 아주 어렸을 때의 일은 기억이 별로 없다. 생각나는 대로 나의 초등학교(당시는 국민학교라고 했음) 시절 이야기부터 순서 없이 해보려고 한다.

당시는 6.25 전쟁 직후라서 식료품이나 생활용품 등이 부족하기도 하고 품질도 조잡했다. 대부분이 절대적으로 빈곤한 상태로 근근이 먹고사는 데만 급했던 시절이라 여행이나 놀이는 생각할 수도 없었다. 초등학교에 가면 옥수수죽과 주먹 크기의 우유 덩어리를 배급받았다. 미국에서 식량 원조로 제공해 준 것이었다. 수업이 끝나면 집에 와서 공부하는 대신 집안일이나 심부름을 하거나 산과 들로 놀러 다녔다.

나는 나무를 잘 타서 높은 나무에 올라가 새알도 꺼내오고, 새끼 새를 잡아다 놓고 벌레를 잡아 먹여가며 키워 보기도 했다. 새집을 털기 위해 나무에 오르기 시작하면 자기 새끼들을 보호하기 위해 부모 새가 번갈아 내 머리를 쪼아대며 위협했다. 그러나 손으로 몇 번 쳐내면 새들도 포기하고 날아간다.

때론 꿩알을 무더기로 줍기도 했다. 꿩 새끼들은 정말 빨라서 혼자서는 잡을 수 없다. 여러 명이 합심해서 몰다가 운 좋게 외진 곳으로 몰리면 몇 마리 잡을 수 있다. 꿩 새끼도 그물망에 넣어 키워보았지만, 먹이를 주어도 먹지 않고 사람만 보이면 뛰쳐나가려고 그물망에 계속해서 부딪히다가 죽었다. 자연 속에서 태어나서 자유롭게 살다가 잡혔으니 사람 손에 적응하지 못했고 또 아무래도 제대로 관리되지 않아 죽었기 때문에 그다음부터는 새끼들을 잡아 오지 않았다.

산에는 먹을거리도 많았다. 칡뿌리, 잔디 줄기, 소나무껍질, 찔레순, 도라지꽃과 뿌리, 마, 신맛 나는 풀, 매운맛 나는 풀, 산딸기, 산머루, 돌배, 뱀딸기, 오디 등등. 비가 오면 농로를 따라 냇가로 올라오는 송사리, 붕어, 미꾸라지, 참게 등을 잡으며 시간 가는 줄 몰랐다. 그 당시는 농약을 거의 쓰지 않았기 때문에 1급수에만 사는 참게도 많았다. 양수 시설이 안 되는 천수답 논은 모내기에 대비하여 겨울부터 봄까지 논에 물을 담아두기 때문에 우렁이 아주 많이 번식해서 우렁이도 잡았다. 물고기를 한 사발 정도 잡아 오면 할머니와 어머니께서 김치를 넣어 맛있는 매운탕을 만들어 주셨다.

집 옆에 천수답이 있었는데, 벼가 어느 정도 자란 여름철에는 반딧불이 어두운 밤을 밝혀주었다. 밤에 공부할 때 조명으로 쓴다고 반딧불을 잡아서 병에 담아 그 불빛을 보다가 잠들기도 했다. 가을철 수확이 끝난 밭에 가면 남아있는 당근 뿌리, 무 뿌리, 배추 뿌리, 고구마를 캐 먹는 재미가 있었다. 벼가 익어가는 논에 가면 메뚜기들이 많았는데 잠자리채로 잡아 병에 담아 와서 볶아 먹으면 고소하고 맛있었다.

겨울철에는 언덕길에서 비료 포대를 깔고 앉아 미끄럼타기, 얼음판 위에서는 팽이치기, 연을 만들어 연날리기, 판자 밑에 각목을 대고 그 위에 철사를 고정하여 얼음 썰매를 만들어 타기, 깡통에 구멍을 뚫고 숯을 넣어 불을 붙인 다음 큰 원을 그리며 돌리는 쥐불놀이, 눈싸움도 하면서 발이 얼어 새빨개질 때까지 놀았다.

지푸라기를 뭉쳐서 노끈으로 둘둘 감아 마무리하면 야구공이 되는데, 그 공으로 치고 달리며 야구를 하였다. 막대기로 몇 번 공을 때리면 노끈이 풀어져 다시 감아 묶기를 반복하면서도 재미있게 놀았다. 잔칫날에는 언제나 돼지를 잡았는데, 그때 돼지 방광을 얻어다가 입으로 공기를 불어넣어 축구공을 만들어 공차기 놀이도 했다.

마을 뒷산을 두 개 넘으면 세 번째 산봉우리에 미군 부대가 있었다. 초등학생 걸음으로 왕복 두 시간 반 정도 되는데, 친구 3~4명을 설득해서 가끔 그곳에 가는 이유가 있었다. 목적지는 쓰레기장이었다. 쓰레기장에는 고철로 버려지는 납, 알루미늄, 철 등의 쇠붙이가 있어 이것을 줍는 날은 엿을 바꾸어 먹는 잔칫날이 된다. 통조림으로 사용했던 작은 깡통은 쥐불놀이용으로, 큰 깡통은 잡은 개구리 운반용으로 또 닭 먹이 조리용으로 개구리를 삶는 데 사용했다.

집에서 20분쯤 가면 기찻길이 있었는데, 기차 레일 위에 작은 못, 큰 못 등을 올려놓으면 기차가 지나갈 때 기차 하중에 눌려서 납작해진다. 조금만 다듬으면 칼날이나 화살촉으로 쓸 수 있어 개구리를 잡거나 자를 때 유용한 도구가 되었다. 당시 기차는 증기기관차로 시속 40~60Km로 달렸기 때문에 레일 위에 못을 올려놓아도 되었으나, 요즈음은 속도가 빨라 레일 위에 이물질을 올려놓으면 기차가 탈선하는 대형사고를 유발할 수 있다. 또 형사처벌을 받을 수 있으므로 절대 따라 하면 안 되는 행동이다.

초등학교 4학년 때쯤에는 자전거를 배우기 시작했다. 우리 집에는 아버지가 출퇴근용으로 타고 다니는 자전거가 한 대 있었다. 우리가 살던 곳은 군산 시내 중심에서 10km 넘게 떨어진 시골이어서 대중교통수단이 들어오지 않았다. 아버지는 왕복 25km 거리를 비가 오나 눈이 오나 자전거로 매일 출퇴근하셨다. 아버지는 키가 크셔서 일반 자전거보다 안장이 더 높았다.

초등학생이 어른용 자전거를 타려면 안장과 핸들 지지대 사이로 오른발을 넣어 페달을 밟고, 왼발은 반대쪽 페달을 밟고 약간 기울여서 중심을 잡아야 한다. 숙달될 때까지는 수없이 넘어져서 무릎, 발, 정강이 등에 상처가 생기는데 그게 아물 때쯤에는 잘 탈 수 있게 된다. 어느 일요일 자전거를 타고 내리막길을 과속으로 달리다가 큰 나무에 부딪혀서 핸들이 부러지고 바퀴도 휘었다. 아버지는 다음날 출근을 위해 자전거포에서 자전거를 대여해 오셨고, 나는 많이 혼났다.

초등학교 5학년 때라고 기억하는데, 지금 생각하면 정말 위험한 일을 서슴지 않고 자랑삼아 한 것이 무척 후회스럽다. 초등학교 안에는 보물 276호 오층석탑, 석등, 육각부도의 문화재가 있었다. 일본인이 농장주로 있으면서 완주군 고산면 봉림사지에 있던 것을 옮겨다 놓은 것이었다. 오층석탑은 경주 석가탑과 비슷한 모양으로 석가탑보다 높이가 낮아 총 6.4m이다.

초등학생 때 좌부터 삼촌, 사촌, 나와 동생들 부모

나무를 잘 타는 나는 무엇 때문이었는지 모르겠는데, 이 오층석탑의 탑신부까지 맨손으로 올라갔었다. 거기까지는 약 5m가 조금 넘는데, 올라가서 상륜부(탑의 윗부분으로 도넛 같은 모양의 돌을 꼬치 같이 연결한 부분)를 잡으니 상륜부가 흔들거려 무너져 내릴까 봐 깜짝 놀라 황급히 조심스럽게 내려왔다. 절대 따라 하면 안 되는 행동이다. 내가 탑에 올라간 것이 선생님에게 알려져서 벌을 서기도 했다.

초등학교 때 맨손으로 올라간 오층석탑

여자아이들은 고무줄놀이를 많이 했다. 사촌이 다섯째 동생을 업고 포대기를 두르고 고무줄놀이를 하다가 높이 뛰면서 동생이 포대기 밖으로 빠져나와 90도로 허리가 꺾어져 시멘트 바닥으로 떨어졌다. 머리를 시멘트 바닥에 부딪힌 동생은 기절해서 한동안 깨어나지 못했는데, 의원을 찾아다니는 도중에 깨어났다.

과일을 먹는 것은 사치라고 할 정도로 과일이 귀했다. 어느 날 어머니가 큰맘 먹고 복숭아 한 상자를 사 왔는데, 넷째가 얼마나 많이 먹었는지 숨을 못 쉬어 죽을 것 같이 울기만 했었다고 했다.

부엌 안쪽 입구에 커다란 항아리를 땅속에 묻고 그곳에 물을 담아서 식수나 생활용수로 사용하였다. 우물에서 물을 길어다가 채워 넣었는데, 가뭄 때는 집안 우물은 물이 말라서 가뭄에도 마르지 않는 마을 우물에서 길어 와야 했다. 왕복 180m 정도 되는데, 물지게로 물을 받아오면 1/3은 흘려버린다. 항아리에 가득 채우려면 10번도 넘게 왔다 갔다 해야 했다. 물 항아리는 큰 쟁반으로 덮어 놓곤 하는데, 어느 날 동생이 뚜껑이 열린 물 항아리에 빠져 허우적거리고 있는 것을 마침 지나가던 고모가 발견하여 꺼낸 적도 있었다. 조금만 늦었어도 큰일 날 뻔했다.

당시 농촌에서 살려면 할 일이 많았다. 부엌 아궁이에서 불을 때서 밥을 했으므로, 여름철에는 방이 더워서 잠을 잘 수가 없기 때문에 야외에서 밥을 했다. 겨울철에는 아궁이에 불을 때면 밥도 할 수 있고 난방도 자연적으로 되는 시스템이었다.

나는 부엌에서 불을 때는 것과 석쇠에 김을 올려놓고 짚불 위에서 굽는 것도 도왔다. 부엌에서 사골을 끓이거나, 시루떡을 하는 날에는 아주 오랜 시간 장작을 넣어 불을 지피기 때문에 구들장으로 된 방이 무척 뜨거워져 화상을 입을 때도 있다. 어느 날 어머니는 사골을 끓이셨는데, 처음에는 방이 뜨겁지 않았기 때문에 갓난아이인 셋째를 불 땐 방에 눕혀둔 채 밭일을 가셨다. 방이 점점 뜨거워져 셋째가 울면서 온 방을 발로 밀고 다녀서 양발 뒤꿈치가 다 까지고 등과 다리에는 약한 화상을 입었다. 얼마나 울었는지 목이 다 쉬었더라고 했다.

농촌에서 살다 보면

상수리를 주워 와서 보관하다가 일정량이 되면, 절구로 찧은 다음 체에 걸러서 어머니께 드리면 순도 100%의 도토리묵을 만드셨는데, 그 쫀득함과 약간 쌉싸름한 맛은 고향의 향기로 남아있다.

초등학교 4학년 때 가을 새벽에 비가 오는 날이었다. 나무 밑에서 한참 상수리를 줍고 있을 때 머리에 돌멩이로 맞은 것 같은 충격이 와서 나도 모르게 손으로 머리를 움켜쥐었다. 손안에 가득 잡히는 것이 있어 펼쳐보니 아주 커다란 장수말벌이었다. 장수말벌에 쏘였다고 하자, 할머니께서 된장을 한 움큼 발라주셨다. 그러나 벌독이 서서히 올라오면서 2~3일 정도 양쪽 눈을 거의 뜨지 못할 정도로 부었다. 나는 체질적으로 웬만하면 벌에 쏘여도 잠깐 부풀어 오르다가 가라앉는 편인데 그렇게 많이 붓는 것을 보니 정말 큰 장수말벌이었던가 보다.

집주변의 벌집을 제거하는 것은 거의 내 몫이었다. 긴 대나무로 벌집을 떼어내면, 벌들이 공격하는데 그때는 일단 도망가야 한다. 아무리 빨리 달려도 가끔은 쏘이기도 한다. 땅벌을 소탕한 적이 있었는데, 긴 대나무 끝에 철사를 묶고 못 쓰는 옷을 잘라 주먹 크기로 감고 경유를 적셔서 불을 붙였다. 이 불을 벌집 구멍에 대고 있으면 벌들이 타죽어서 제거하기가 쉽다.

반면 아버지는 벌 알레르기가 있어서 조그만 벌에 쏘여도 응급실에 가셔야 했다. 어느 여름날 밤에 길 잃은 벌이 조명을 보고 날아와서 아버지 고무신에 들어가 있었는데, 아버지께서 아침에 신을 신다가 쏘여 쇼크 증상이 와서 응급실에 가셨다.

초등학교 때까지 14명이 방 4개에서 살았다. 조부모, 부모, 고모 2명, 삼촌 2명, 6남매(해보, 늘보, 놀보, 울보, 먹보, 떼보)가 옛날 집 작은 방 4개에서 지냈다. 요즈음 기준으로 보면 열악한 주거 형태였지만, 그 당시는 많은 가구가 그렇게 지냈다. 제일 큰 방에서는 여름철에는 누에를 키워 명주실을 내면 베틀로 명주를 짰고, 겨울철에는 볏짚으로 가마니를 짰다.

여름철에는 제일 큰 방에서 누에를 키우기 때문에 방도 부족하고, 날씨도 덥고 해서 마당에 평상을 내다 놓고 지냈다. 풀을 베어다 불을 피우면 연기가 많이 나기 때문에 모기가 달려들지 않는다. 한여름에는 평상에 모기장을 설치하고 잤다. 이때 보이는 밤하늘의 은하수와 별똥별들은 정말 환상적이었다. 동남아 외진 곳에 가면 맑은 날에는 어렸을 때 보았던 밤하늘을 볼 수가 있다.

여섯 남매가 점차 성장해가니 방이 좁아서 아버지는 사랑채를 헐고 새집을 지을 계획을 세우셨다. 동네 목수에 의뢰하여 필요한 나무 종류와 양을 넘겨받아 제재소에서 나무를 사 왔다. 초등학교 5학년 때, 6개월에 걸쳐 준비작업을 했다. 동생과 함께 이 나무들을 잘 말리기 위해 매일 나무를 뒤집어주는 일, 지붕으로 쓸 라왕(열대지방의 상록수)의 껍질을 낫으로 벗겨서 건조하는 일, 시멘트 반죽을 틀에 넣고 벽돌을 찍어내는 일, 황토 벽돌을 찍어내는 일 등을 매일 했다.

드디어 마을 사람들이 동원되어 옛날 집을 헐고 새집을 지었다. 초가집이 있던 자리에 방 2칸, 대청, 곳간이 있는 기와집이 완성되었다. 일제강점기에 공업학교를 졸업하신 아버지께서 전기 배선을 직접 하셨고, 나는 아버지와 외벽에 회를 바르는 일, 나무에 니스 칠하는 일을 하였다.

가을철 벼 수확을 한 후 대부분의 벼는 정부에서 수매하여 가고, 우리 가족이 일 년간 먹을 식량과 비상금용으로 남기는 벼는 곳간에 보관하는데, 쥐들이 곳간을 뚫으려고 나무 기둥을 파내기도 했다. 곳간이 없었을 때는 마당에 땅을 조금 파고 양철판으로 지름 3m 정도의 원통을 만들어 그 안에 벼를 보관하고 지붕은 볏짚으로 엮어서 쌓아 올렸다.

가을철에 참새가 익어가는 벼를 쪼아 먹어서 피해가 컸다. 정부에서는 참새와 쥐를 유해 동물로 지정하여 퇴치 운동을 벌였다. 어른들은 참새가 자주 다니는 길목에 그물망을 쳐서 대량으로 잡았고, 우리는 소쿠리로 덫을 만들어 잡았는데, 참새가 소쿠리 안으로 들어오기를 기다리려면 인내심이 필요했다. 의심이 많은 참새를 잡기가 쉽지 않기 때문이었다. 밤에는 사다리를 초가집 지붕에 걸쳐 놓고 손전등으로 처마 밑구멍을 비추어 참새가 보이면 손을 넣어 잡기도 했다.

그때는 대부분 초가집이었는데, 추수하고 난 뒤 볏짚을 엮어서 지붕을 만들어 씌웠다. 초가집 지붕은 참새나 쥐가 살기 좋은 터가 되기 때문에 가끔은 구렁이가 이 동물들을 잡아먹기 위해 초가집 지붕에 올라오는 일이 있다. 참새를 잡으려고 구멍에 손을 넣을 때면 혹시 있을지 모를 뱀에 대한 두려움을 각오해야 했다. 잡은 참새는 털을 뽑고 내장을 버리고 부엌에서 구우면 앞 가슴살이 맛있다. 당시에는 참새가 하도 많아 길거리 대표 음식 중의 하나가 참새구이였다.

벼가 익어가는 시기에는 방과 후 들녘에 나가 참새 쫓기가 일이었다. 허수아비는 기본이고, 긴 줄 중간중간에 깡통을 매달고 그 속에 돌멩이를 넣어 참새가 오면 줄을 흔들어 소리를 내어 참새를 쫓았다. 카바이드를 물과 섞으면 가스가 나오는데, 이 가스에 불을 붙이면 대포처럼 큰 소리가 온 들녘을 흔들었다.

당시에 참새도 많았지만, 쥐도 많아서 쥐꼬리를 정기적으로 제출하는 학교 숙제도 있었다. 초가집 천장에는 쥐가 많이 살아서 밤마다 떼지어 달리기, 싸움질, 천장 벽지 찢기 등등 그 소음으로 매일 잠을 설치게 되는데 막대기로 천장을 두드리면 놀라서 달아났다가, 조금 지나면 또다시 발광한다. 아파트 층간 소음은 비교할 바가 못 된다. 자동차 지나가는 소리 못지않다. 쥐 오줌으로 천장이 드문드문 누렇게 얼룩지기도 하고, 이빨로 천장 벽지를 찢어서 구멍을 내기도 한다. 쥐들이 뛰어다니다가 한 마리가 그 구멍으로 떨어져 잠자고 있던 동생 손가락을 깨문 적도 있다.

돼지 축사에 쥐들이 들어가 잠자고 있는 돼지의 귀를 뜯어 먹는 일도 종종 있을 만큼 쥐들의 횡포는 대단했다. 고양이를 키워도 한 마리 잡아 먹고 나면 배가 불러 더 이상 사냥을 하지 않으려고 했다.

나는 쥐 잡는 것이 재미있어서 아버지께 쥐덫을 사달라고 졸랐다. 쥐덫에는 두 종류가 있는데, 철망으로 만들어진 쥐덫은 쥐가 안에서 먹이를 잡아당기면 문이 닫혀 생포하는 방식이고, 다른 쥐덫은 손바닥 크기의 판자를 스프링으로 고정했다가 먹이를 건드리면 스프링이 펴지면서 머리나 몸통을 눌러 잡는 방법인데, 쥐도 의심이 많아서 어쩌다 한 마리씩 잡혔다.

중학교 때 사촌으로부터 쥐덫 만드는 방법을 전수받아 5개 정도 만들어 본격적으로 쥐를 잡기 시작했다. 가로 40cm 세로 50cm 정도 크기의 판자를 지지대에 고정하고 그 위에 무거운 돌을 올려놓아 쥐가 밑에서 먹이를 잡아당기면 쥐덫이 쓰러져 쥐를 압사시키는 방법인데, 백발백중으로 잡혀 하룻밤에 최대 30마리도 넘게 잡았다.

잡은 쥐들은 부엌에서 구워서 돼지 특식으로 주었는데, 쥐 굽는 냄새를 맡은 돼지들은 온 동네가 떠나갈 듯 환희의 소리를 질러댔다. 아무리 못 잡아도 5마리에서 20마리 정도는 매일 잡았다.

어머니는 19세에 시집오셨기 때문에 내가 초등학교 때는 30대였다.

식사 준비로 닭 잡을 일이 많았는데, 여리신 어머니는 닭 잡는 것을 싫어해서 내가 많이 도와드렸다. 중학생이었을 때, 중간 크기의 닭 한 마리가 쥐 잡으려고 쌀에다 쥐약을 섞어 놓은 걸 몽땅 먹었다. 평소에 닭 잡는 일에 거부감이 없어서인지, 그 닭을 살려보고 싶은 생각이 들었다.

곧바로 닭을 잡아 묶어 두고, 실과 바늘, 면도칼, 소독약을 준비하여 수술에 들어갔다. 닭 날개를 접어 발로 밟은 다음 모이주머니가 있는 부분의 털을 뽑고 면도칼로 모이주머니를 갈라 모두 비워내고 물로 씻어 모이주머니를 꿰맨 다음 피부도 꿰매고, 소독약(당시는 빨간약이라고도 했음)을 발라서 놓아 주었다.

한 3일간은 닭장 구석에만 있다가 나중에는 돌아다니며 먹이도 먹고 했는데, 제대로 컸는지는 기억나지 않는다. 수술 방법도 몰랐고, 수술 후 실밥을 빼야 하는 것도 모를 정도로 단순 무식했지만, 그렇게 하면 닭이 죽지 않을 것으로 생각되었다.

닭을 보호하려는 것은 나 뿐이 아니었다. 외갓집에서 셰퍼드 잡종인 강아지를 입양하여 키웠는데, 무척 영리하여 우리 집의 닭들을 모두 기억하였다. 40~50마리의 닭을 키웠는데, 다른 집의 닭이 오거나 고양이나 개가 다가가면 쫓아내곤 했다. 자기 밥을 닭들이 먹어도 쫓아내지 않고 같이 먹었다. 우리는 닭 숫자만 셀 줄 알았지, 생김새를 구분할 줄은 몰랐다.

어머니는 천하장사

어머니는 14명 식구의 하루 세 끼 식사를 준비하느라고, 종일 부엌에서 지내다시피 하셨다. 밭일이나 논일이 있을 때는 일하는 사람들의 식사까지 준비해야 했다. 일하는 사람은 보통 2명에서 5명 정도였는데 모내기 추수 때는 20~50명의 식사를 준비하여 그 많은 식사량을 큰 다라이에 옮겨 담아 머리에 이고, 손에는 국거리를 담은 양동이를 들고 가셨다. 식사할 사람이 많을 때는 리어카로도 실어 날랐다. 어머니는 평생 몸무게가 40kg 남짓했는데, 그 무거운 짐을 어떻게 머리에 이고 다니셨는지 불가사의하다. 수박 한 통만 들고 가도 얼마 못 가서 팔이 아파서 쉬었다가 가야 하는데 그 무거운 것을 옮기느라고 몸이 혹사당했을 것이다.

거기에다 연 4회의 제사와 두 번의 명절도 큰일이었다. 제사는 꼭 자정에 정성 들여 지내야 조상들이 밥을 먹기 위해 온다고 믿었다. 조상들은 1년 만에 하는 식사를 즐기시다가 새벽에 닭이 울면 되돌아가신다고 했고, 가시고 나면 물기를 올렸다. 낮에 일하고, 식사 준비하고, 제사 준비하느라 피곤한 몸을 쉬지 못하고 쪽잠을 자면서 하루를 보냈다. 할머니와 고모도 도와주셨지만, 일은 주로 어머니가 하셨다.

연료라고는 볏짚과 나뭇잎, 나뭇가지, 장작이 전부였다. 우리는 방과 후에는 산에 가서 땔감을 잔뜩 모아서 단단히 묶은 다음 등에 메고 하산했다. 이렇게 산에 있는 나무를 베어가고 낙엽을 긁어가서, 산은 늘 벌거숭이가 되어 있었다. 비가 조금만 많이 와도 마당에 흐르는 개울이 누런 황토 급류가 되었다. 다리가 떠내려가고, 크고 작은 바위와 자갈들도 굴러 내려와서 다랑논을 휩쓸고 가서 벼농사를 망치기도 했다. 농사일 돕는 것은 심부름이나 모내기, 가을철 수확하기 정도였지만, 중학교 때부터 웬만한 일도 할 수 있게 됐다.

중학교 때 가뭄이 몹시 심해서 여름철 물 대기에 비상이 걸린 적이 있었다. 수원지에서 물을 내려주면 가까운 곳부터 채워지는데 우리 논은 제일 끝부분이라 저녁 늦게야 물이 오기 시작한다. 그때부터 발동기를 돌리고, 수차를 돌리고 거의 밤새우다시피 양수한 적도 있었다. 수차는 전라도에서 물자새라 하였고, 물레방아 식으로 된 구조인데 그것을 사람의 발로 밟아 돌려서 물을 낮은 데서부터 높은 데로 퍼 올리는 장치로 한 30분 정도 밟고 나면 다리가 뻐근하다.

고등학교 때부터는 성인 못지않은 수준으로 일할 수 있었지만, 학교 수업으로 주말에만 일하곤 했다. 탱자나무 울타리가 집 주위로 90m 정도 되는데, 이 탱자나무의 전지도 거의 내가 하다시피 했다. 탱자나무 윗부분을 자를 때는 나무 위에 가마니를 깔아야 밑으로 빠지지 않고 발을 디딜 수가 있다. 옆면은 사다리를 기대고 전지가위로 자르면 이발한 것처럼 단정해서 보기가 좋다. 잘린 탱자나무 줄기를 말리면 훌륭한 땔감이 된다. 탱자나무 전지는 향나무나 다른 나무 전지보다 손이 많이 가고 일도 더디다.

대학교 여름방학이 되면 경운기로 농약 살포하는 일을 했다. 경운기를 운전하다가 2m 되는 높이에서 논으로 떨어진 적도 있었다. 경운기의 핸들을 느슨하게 잡은 채 커브 길을 돌다가 핸들이 갑자기 꺾이면서 낭떠러지 논으로 들어갔으나 다행히 다치진 않았다.

회사에 취직한 이후에는 농사일을 도울 수 없었고, 명절에만 예초기를 돌려 집 주위나 산소의 잔디와 풀을 깎았다.

실용주의로 살기
때로는 담대하게

고등학교 때는 내 담력을 실험한다고, 혼자서 보름달이 뜨는 늦은 여름밤 11시 30분경에 20분 거리에 있는 뒷산 공동묘지에 갔다 온 적도 있다. 자정이면 귀신이 나온다고 해서 정말 나오는지 확인해 보고 싶었다. 손전등도 없이 뱀 퇴치용으로 막대기 하나만 들고 올라갔다. 바람에 나뭇잎들의 바스락거리는 소리, 각종 풀벌레 소리, 멀리 개 짖는 소리, 내 발걸음 소리에 생각보다 온몸이 긴장되었다. 공동묘지는 약 8,250m^2(2,500평) 크기인데, 입구까지 갔다가 더는 들어가지 못하고 되돌아왔다. 되돌아오는 내내 누군가 내 뒷머리를 잡아당기는 느낌이 들어서 기분이 썩 좋지 않았다. 밤중에 혼자서 공동묘지에 가는 것은 추천할 만한 일이 못 된다.

공군에서 복무할 때 내 업무는 장거리 무선장비 중계 및 정비였다. 주파수 수신용 안테나 지름이 10m 정도이고 그 안테나를 지지하는 높이는 15m 정도다. 8~10m는 인간이 제일 공포를 느끼는 높이라고 한다. 3교대 24시간 비상대기 근무라 야간근무를 하면 오전에 취침하였다. 날씨가 좋은 이른 여름과 늦은 여름에는 이불을 들고 8m 높이의 안테나로 올라가서 잠을 잤다. 난간도 없는데 무슨 배짱으로 이곳에서 잠을 잤는지... 젊음이 이래서 좋다.

공군 근무지

3살 연하인 아내와는 1979년에 만났다. 그녀는 미술과를 졸업하고 임용고시를 거쳐 경기도 한 중학교에서 미술 교사로 근무하고 있었다. 1979년 여름에 선을 보았는데 나는 면목동에서 집수리한다고 페인트칠하다가 시간에 쫓겨 페인트가 묻은 신발을 신은 채로 가서 맞선을 보았다.

결혼에 별로 관심이 없어서 복장에도 신경 쓰지 않고 되는대로 입고 마지못해 선을 보았다. 그녀의 언니 부부도 내가 처제와 결혼할 상대로 괜찮은 남자인지 탐색하기 위해 동석했다. 훗날 전해 들은 이야기로는 결혼할 상대로 적합하지 않다고 반대하셨단다. 내 인상이 좀 날카로운 데가 있어서 그랬을 것으로 생각한다. 아끼는 처제를 위해 좀 더 좋은 신랑감을 고르려는 것은 당연한 일이었다.

그녀는 가녀리고 귀엽고 재치 있어 보였다. 선을 보기는 하였으나 서로의 연락처도 모르고 지내다가 9월 어느 날 아버지가 "선보았던 아가씨에게 연락하라"라고 종용하셔서 나는 마지못해 수소문하여 받은 연락처로 전화했다. 그녀가 전화를 받았고, 그 주말에 명동에서 만나기로 약속했다.

그녀는 처음 보았을 때보다 훨씬 더 예뻤고, 세련되었고, 애교도 더 많았고, 시대적인 감각도 있어 마음이 끌리기 시작했다. 세 번째 만나는 날에는 결혼하자고 신청했다. 그녀는 흔쾌히 승낙했고, 양가에 이 사실을 알리고 번갯불에 콩 구워 먹듯 결혼식을 서둘렀다. 결혼식을 서두른 것은 서로가 마음이 맞아서 빨리하고 싶기도 했고, 또 장남인 내가 결혼을 빨리하여 다섯 명 동생의 결혼 길을 열어 주어야 했기 때문이었다. 어느 한 해는 6개월 사이로 동생 두 명이 결혼하기도 했다.

만난 지 2개월 후에는 약혼식을 했고, 3개월 후에는 결혼식을 했다. 아내는 학교 선생을 빨리 그만두고 싶어서 결혼을 선택했다고 했다. 교사인 남자와 결혼하고 싶지 않았는데, 남자 교사들의 데이트 신청에 하루빨리 학교를 벗어나고 싶었다고 했다.

결혼 일자를 12월 21일로 잡았는데 1979년 10월 26일 박정희 대통령 시해 사건이 일어났고, 전두환 대통령의 취임식이 하필이면 우리의 결혼식 날로 잡혔다. 당시 계엄이 선포되었고 모든 행사는 금지되었지만, 다행히 결혼식은 할 수 있었다.

몇 번 만나지 못하고 결혼했기 때문에 신혼이 연애 기간이 되었다. 퇴근하면서 사과를 사가면 영락없이 아내가 사과를 사 놓고 있었다. 딸기를 사가면 딸기를 사 놓고, 귤을 사가면 귤을 사 놓고, 아이스크림을 사가면 아이스크림을 사 놓고, 꽃을 사가면 꽃을 사 놓고 하도 겹치게 사서 색다르게 동태를 사가면 동태를 사 놓곤 했다. 아무것도 안 사면 집에 아무것도 없었다. 몇 년 동안 내가 사 가는 것과 아내가 사 놓는 것이 90% 이상 일치했다. 텔레파시가 너무 잘 통하는 것인지 통하지 않는 것인지 의문이었다. 요즈음에는 무얼 사 가려면 휴대폰으로 확인해서 겹치지 않게 하는

결혼식

데, 전화 없이 사가면 아직도 겹칠 때가 많다. 연구해 볼 소재이다.

세 살 버릇 여든 간다고, 나는 예전부터 말보다 행동이 앞서고, 새로운 것에 도전하기 좋아하는 것도 여전하다. 지금도 같은 장소를 반복적으로 다니게 되면, 나는 항상 같은 길로 다니지는 않는다. 직선 길, 우회 길, 샛길 등 모든 길로 다녀 보아야 직성이 풀린다.

연세대학 시절에는 서울에서 시골로 갈 때 이용할 수 있는 두 가지 노선이 있었다.

하나는 용산역에서 완행열차로 8시간 가는 장항행과 다른 하나는 용산역에서 완행열차로 7시간 가는 이리(현 익산)행이었다. 경부선은 복선 철로가 되어 있었지만, 장항선은 천안부터 장항까지 단선 철로였고, 호남선(서대전-이리-목포)이나 전라선(서대전-이리-여수)은 단선 철로였다. 따라서 열차가 교차할 때는 역에서 대기하고 있다가 상행열차가 지나간 다음에 하행열차가 출발해야 해서 시간이 많이 걸렸다.

당시에는 고속버스나 직행버스가 없었다. 장항선 기차로 가면 역에 도착하여 다시 배를 타고 군산 선착장에 내려 다시 시내버스를 타고 집에 갔었다. 익산행으로 가면 시내버스를 두 번 갈아타야 집에 도착할 수 있었다.

기차는 급행과 완행이 있었는데, 완행열차의 비용이 저렴하여 많은 사람이 타고 다녀서 열차 안은 항상 만원이었고 혼잡했다. 길을 떠나서 시골집까지 가려면 최소 12시간 이상 소요되었고 열차가 연착하면 시간이 더 걸렸다. 대학 1학년을 마치고 공군에서 복무한 후 복학했을 때는 동대문 터미널에서 고속버스가 운행되었다. 결혼 후 80년도에는 고속버스로 시골에 내려갈 수 있었다. 가끔은 급행열차인 무궁화로 갈 때도 있었다.

1981년부터 군산공장에서 11년 동안 근무했는데, 명절이나 제사에 참석할 때는 귀성길에 문제가 없었다. 서울로 다시 이사 온 뒤, 명절 때 귀성하는 일은 도로에서 전쟁을 치르는 것과 같았다. 1992년 설날에 처음으로 자가용을 몰고 시골로 가기 위해 새벽 4시에 중부고속도로를 향하여 출발했다. 6.25 전쟁 이후 한강의 기적이라고 할 만큼 경제발전이 이루어짐에 따라 1990년대에는 자가용도 많이 늘어나 명절 때는 고속도로가 정체되므로 새벽에 출발한 것이었다.

방이동에서 순조롭게 출발했지만, 중부고속도로에 진입하자마자 정체되어 오도가도 못하는 상황이 되었다. 고속도로는 경부와 중부만 있었는데, 경부가 더 혼잡하기 때문에 중부를 선택했다. 그러나 각 인터체인지에서 진입하는 차량 때문에 움직이질 못했다. 19시간 내내 운전하여 밤 11시에 시골집에 도착할 수 있었다. 시골집에 도착하자마자 귀경길이 걱정이었다. 다음날 일찍부터 차례, 성묘, 세배를 마치자마자 출발하여 8시간 정도 걸려 귀경했다.

명절 교통 정체의 쓰라린 경험을 하고 난 뒤, 지도책을 보고 머릿속으로 모의 운행 루트를 여러 갈래로 알아두었다. 제사나 생신 때 고속도로 교통이 한가하더라도 고속도로를 이용하지 않고, 루트의 메모와 지도책을 펼쳐 놓고 국도와 우회 길, 샛길 등으로 다녔다. 길이 어긋나면 그 근방 주민이나 다른 운전자들에게 물어보며 길을 찾아가곤 했다.

가끔은 물어볼 데가 없어 지도만 보고 가다가 산속 외길이나 농로 등으로 들어서서 '계속 가면 연결되겠지' 하고 갔다가 더는 진입할 수 없어 후진으로 나와야만 하는 고생도 했다. 운전하는 나도 고생했지만, 아내와 아이들의 원성이 더 높았다. 그렇지만 평소에 많은 길을 알아둔 덕분에 설이나 추석 명절에 귀성이나 귀경 때 방송에서는 8~10시간이 소요된다고 하면 나는 사전에 알아두었던 길로 다녀서 보통 5시간 반 이내로 오고 갈 수 있었다. 여러 길로 다녀보고 소요 시간과 비용을 분석해서 상황에 맞는 최적화된 방법으로 다닐 수 있었다.

허세를 부리거나 명품이나 유행을 좇아 낭비하지 않고 실용성, 편리성, 건강 등등을 고려해서 이상적이고 합리적인 방법을 선택하여 사업이나 물건구매나 소비 방법을 정하는 것이 내가 생활하는 자세이다. 다르게 표현한다면 현실주의자이고 실용주의자라고나 할까? 아니, 약간 모험을 좋아하고 새로운 것에 흥미를 느끼는 사람?

그림 채미

제2장

진리는 환경과 시대에 따라 변한다

지동설이 증명되기 전까지는 천동설이 절대적인 진리였다. 마찬가지로 찰스 다윈이 "종의 기원"을 발표하기 전까지는 창조론이 대세였다. 자연계에 존재하는 정교한 생명체들은 특별한 설계가 없이 자연에 맞추어 살아간다. 모든 생명체는 환경에 적응하여 살아남기 위해 변해간다. 만약 우리가 화성에 살고 있다면, 지구에서 적용되는 모든 법칙이 맞지 않게 된다. 지구 환경과 완전히 다른 중력, 질량, 온도, 대기, 공전과 자전 등으로 지구와는 다른 조건이 적용된다. 관성의 법칙, 가속도의 법칙, 작용/반작용의 법칙, 열역학법칙, 만유인력법칙 등 법칙은 달라지지만 학문 자체는 달라지지 않는다고 본다.

달걀, 불명에 누명을 벗다

몇 년 전까지만 해도 새우와 달걀노른자에는 콜레스테롤이 많으니 과도하게 섭취하지 말아야 한다고 했다. 콜레스테롤이 고지혈증을 유발하여 각종 질병을 일으키고, 특히 혈관을 막히게 하여 심근경색이나 뇌경색이 발병할 수 있다고 했다. 그러나 그 이론도 바뀌었다.

달걀노른자에 있는 지방은 불포화지방으로 오히려 심장질환을 예방한다고 한다. 또 나쁜 콜레스테롤이라고 하는 저밀도 지질단백질(LDL)도 사람 몸에 꼭 필요한 요소로, 너무 낮으면 인지능력과 면역력이 떨어진다고 한다.

달걀은 완전식품이다. 생명을 태어나게 하는 모든 필수 물질이 들어있기 때문이다. 달걀에는 단백질, 지방, 탄수화물, 포화지방, 불포화지방, 콜레스테롤, 비타민 A, B, C, D, E, 엽산, 콜린, 칼슘, 마그네슘, 아연, 루테인 등 각종 무기질도 다량 들어있다.

나의 직업은 안경사이다. 최근 들어 황반변성으로 시력이 나빠진 환자의 내원이 갈수록 많아지고 있다. 주로 노인들에게 황반변성이 오는데 그렇게 되면 안과나 안경원에서 개선책을 찾으려 해도 한번 나빠진 눈을 원래대로 되돌리는 것은 쉽지 않다. 관리와 치료를 잘하면 현상 유지를 할 수 있고, 종종 완치되는 환자도 보게 되지만, 대부분 더 나빠지지 않도록 관리하는 게 고작이다.

눈 황반 중심부에는 지아잔틴, 주변부에는 루테인이라는 색소가 있는데, 나이가 들면 이 색소의 밀도가 줄어든다. 20대에 최대치가 되었다가 60세가 되면 절반 수준으로 줄어들어 시야가 흐려지고, 시력도 떨어지고, 심하면 글씨나 사물이 휘어 보인다. 이 색소들은 인체에서 자체적으로 생산하지 못하고 음식이나 건강 보조 식품으로 섭취해야 한다. 달걀에는 루테인과 지아잔틴이 풍부하게 들어있어 특히 노인들은 달걀을 섭취하는 것이 좋다. 루테인이 많은 식품으로는 바나나, 식용할 수 있는 노란색 꽃잎, 누런 호박, 당근 등으로 샛노란 식품에 많이 들어있다.

할머니의 진리

사람마다 자라온 환경과 시대의 특성에 따라 진리가 서로 다를 수 있다. 할머니는 큰손자인 나를 귀하게 키우신다고, 항상 업고 다니다시피 하셨단다. 내가 약간 O형 다리인데, 그것은 어렸을 때 할머니가 많이 업고 다녔기 때문이라고 했다.

할머니는 평소에 매일 새벽에 일어나서 부엌에 냉수를 떠 놓고 천지신명께 가족들의 무사고와 건강을 빌었다. 우물에도 밥상을 차리고 그 위에 떡과 촛불 등을 올려놓고 수호신에게 가족의 평안을 기원하셨다. 어쩌다가 굿도 하셨다. 용한 점쟁이를 찾아다니기도 하고, 연초에는 토정비결을 보고, 지관의 조언도 듣고 해서 나 어렸을 때는 방마다 부적도 붙이고, 내 주머니에도 넣고 다니게 하셨다.

절대로 물가에 가면 안 된다고 신신당부하셔서 물가에는 갔지만 수영을 배울 생각도 하지 못했다. 여름철에 친구들은 수로에서 수영도 배우고 물놀이도 하였지만, 나는 밖에서 구경만 하였다. 수영이 서툰 친구들이 가끔 물에 빠져 허우적대다가 다른 친구 도움으로 물 밖으로 나오면 물을 토하고 얼굴이 노랗게 되는 것도 종종 보았다. 그래서 물가에 가지 말라고 하신 것 같아 더욱 물을 멀리하게 되었다.

할머니가 점쟁이에게 물어본 결과, 나에게 살기가 많아서 교도소에 들어갈 운명이니 그걸 바꾸기 위해서는 미리 살기를 풀어주어야 한다고 했단다. 그래서 집안 잔치가 있는 날에는 돼지를 잡았는데, 돼지 멱따기는 반드시 내가 해야 했다. 잡은 돼지를 손질도 같이하였다. 토속신앙을 깊이 생각하지 않았다가 고등학생이 되고 나서 할머니가 하시는 각종 굿이나 서낭당에 치성드리는 일이 일종의 미신으로 생각되어 싫어지기 시작했다.

고등학교 1학년 때쯤 집으로 오는 길에 먼발치에서도 굿하는 북소리와 꽹과리 소리가 요란하게 들려왔다. 아주 큰 굿판을 안방, 마당 등에서 성대하게 벌이고 있어서 나는 할머니에게 화를 내고 방으로 들어가 문을 걸어 잠그고 나오지 않았다. 굿이 끝나자 모두 돌아가고 조용해졌을 때, 할머니는 내가 있는 방에 오셔서 계속 문을 두드리며 나오라고 했지만 끝내 문을 열지 않았고 저녁도 굶었다. 다음날, 아침도 안 먹고 학교로 갔다. 그래야만 굿하는 것을 멈추게 할 수 있으리라 생각했다.

이런 일이 있고 난 뒤 굿에 대해서는 생각하기도 싫고 기억에서 지우고 싶었다. 대학교에 들어와서 교양과목으로 종교와 철학을 배우면서 샤머니즘과 각 종교의 차이점을 알고 나서는 샤머니즘에 대한 생각도 조금 바뀌었다.

과연 할머니는 꼭 굿을 해야 하셨을까? 할머니는 3남 6녀를 낳으셨는데, 자식들에게 우환이 끊임없이 일어났다. 5번째 딸은 5살까지 말도 잘하고 똑똑했다고 한다. 어느 날 음식 먹은 것이 급체해서 민간요법으로 바늘로 엄지와 검지 사이를 땄는데 그때부터 말을 하지 못하고 벙어리가 되었다. 학교도 가지 못하고 집안일만 돕다가 늦은 나이에 같은 벙어리 남편을 만나 시집을 가셨지만, 고생을 아주 많이 하셨다. 둘째 아들은 23살에 교사 임용 발령을 받고 자살하셨고, 셋째 아들은 입대 후 머리가 아파서 검사한 결과 뇌종양이라는 진단을 받고 수술 중에 돌아가셨다.

할아버지는 성격이 매우 급해서 가끔은 불같이 화를 내셨다. 무언가 마음이 불편하면 식사 도중에라도 밥상을 마당으로 집어 던져서 상다리가 부러지고 그릇들이 깨지곤 했다. 할아버지의 불같은 성격에 할머니와 어머니는 평소에도 스트레스를 많이 받으셨다.

그러던 어느 날 할아버지는 동네잔치 집에서 술과 고기를 드시고 집에 와서 쓰러지셨다. 먹고 살기가 넉넉하지 않은 시대에 잔칫집에 갔다가 과음과 과식을 한 상태에서 지병인 고혈압과 급한 성격이 더해져 뇌출혈이 발생한 것이었다.

둘째 아들을 잃고, 셋째까지 잃은 스트레스도 뇌출혈의 한 원인이었을 것으로 보인다. 중풍으로 반신불수가 되어 화장실도 겨우 가실 정도였다가, 얼마 안 가 그마저도 하지 못하게 되어 거의 1년 반 정도 움직이지 못하고 누워만 계셔서 할머니와 어머니가 고생을 많이 하셨다. 나도 가끔 목욕시켜드렸는데, 쉬운 일이 아니었다.

두 아들과 남편이 세상을 떠난 뒤에도 할머니 환갑 이전에 첫째 딸이 죽고, 셋째 딸이 죽고, 큰사위가 죽고, 셋째 사위가 죽고, 막내 사위가 죽었다. 막내 사위는 지병인 천식으로 죽었다. 한결같이 가난한 농부인 남편들에게 시집가서 고생만 하다가 죽은 것이 할머니 마음에 늘 어두운 그림자로 남아있었다. 아들들과 사위들도 세상을 떠나자 마음의 상처는 극에 다다라, "빨리 죽어야지"를 입에 달고 사셨다.

먼저 떠난 자식들을 가슴에 묻고 살아가야 하니 늘 마음이 편치 않으셨을 것이다. 집 앞 들녘 너머로 기차가 기적을 울리고 가면, 죽은 아들과 딸들이 대문에 들어서는가 싶어 기웃거리고 아무 인기척이 없으면, 대문 밖까지 나가 장송곡 같은 애달픈 소리를 내시곤 했다.

할아버지 출상

옛날 사람들은 환갑 때까지 살면 장수했다고 대대적인 잔치를 했다. 가정 형편에 따라 가수를 초청하는 일도 있었는데, 형편이 좋으면 유명한 가수를, 그렇지 않으면 무명가수를 초청했다. 가수는 사회를 보면서 노래도 하고 흥을 북돋웠고 온 가족, 친척, 친구, 마을 사람들이 장수를 축하했다. 의료시설은 낙후되고 부족하였는데 그마저도 이용할 형편이 못되는 사람이 많았고, 영양결핍과 과도한 노동으로 몸이 망가져 많은 사람이 단명했기 때문이다.

이렇게 단명하면 팔자소관이라고 했고, 팔자를 고치려고 지관을 불러 집터와 산소 터를 보았고 지관은 풍수지리적으로 잘못된 부분을 고치라고 했다. 예를 들어 산소 자리에 물이 차서 자식들에게 액운이 계속된다고 산소를 이전하라고 처방해 주면 한식에 산소를 이전하는 경우도 있었다.

어느 날 아버지는 증조부모 산소를 이전하셨다. 지관의 말도 있었지만, 가족 묘지를 조성하여 증조부모부터 한곳에 모시기로 한 것이다. 또 용한 점쟁이나 시주승은 귀신이 붙어 다니니 부적을 방에 붙여 귀신이 들어오지 못하게 하고, 식구들은 부적을 가지고 다녀 액운을 막아야 한다고 했다. 잡신들의 해코지를 방어하기 위해서는 서낭당에서 제를 올려야 했다. 가장 강력한 처방은 굿을 하여 귀신을 쫓아내고, 죽은 사람들의 원한을 풀어 저승으로 잘 인도하고 복이 내릴 것을 주문하는 것이다.

할머니 시대는 풍수지리, 팔자, 점쟁이, 굿의 효험을 믿었다. 액운을 떨쳐버리고 마음의 안식을 가지는 유일하고도 절대적인 방법이었다. 그 많은 한을 굿으로 해결하려고 하셨다.

내 나이 30살에 낳은 증손자도 보시고, 84세로 돌아가셨으니 비교적 장수하신 셈이다. 가끔 산소에 들르면 좀 더 이해해 드리지 못한 것에 대해 용서를 빌곤 한다.

부모님, 병마와 싸우다

할머니가 돌아가신 후, 어머니는 기독교를 믿게 되셨다. 기독교를 믿게 된 결정적인 계기는 자궁암에 걸렸다가 나은 일이다. 신앙의 힘으로 힘든 치료과정을 기적처럼 이겨내셨다. 어머니는 식구들의 식사 이외에 아버지의 당뇨 때문에 40년간 매일 하루 세 끼 별도로 보리밥을 준비하시느라, 끼니마다 밥을 두 번씩 지으셨다. 밭일, 논일 외에 집안의 크고 작은 우환 등으로 인한 과로와 스트레스로 55세쯤 자궁암 2기에 걸려서 방사선치료와 항암치료를 받았다. 요즈음 항암치료는 암세포만 공격하는 표적 치료 개념으로 몸에 부담이 적은데, 당시의 항암치료는 독성이 매우 강해서 정상세포도 공격하여 머리가 완전히 빠지고, 식사도 하지 못하는 등 부작용이 많아, 항암치료 중에 사망하는 사례도 많았다. 방사선치료 기계의 정밀도도 낮아서 암세포 주위의 정상세포에까지 방사선을 조사(照射)해서 회복이 더디었다.

어머니는 힘든 치료를 신앙의 힘으로 버티셨다. 신앙은 마음의 위안을 주었고, 희망을 포기하지 않도록 했다. 한번은 기적과 같은 경험담을 이야기해주셨다. 치료 중 가장 힘든 시기에 기도하고 있는데, 마치 벼락 맞은 것처럼 온몸에 아주 강한 충격이 오고 나서부터 새로운 몸이 된 것 같은 느낌이 왔다고 하셨다. 정말 거짓말처럼 그 뒤부터 치료받는 것을 덜 힘들어하시고, 5년 후에는 완치판정을 받았다.

어머니는 항상 강한 존재로만 알고 있었는데, 어느 날 어머니를 들어보니 너무 가벼워서 깜짝 놀랐다. 어머니 평생 몸무게는 40kg를 겨우 넘길 정도로 여리여리하셨는데, 암 치료의 고통까지 잘 넘겨서 가족 모두 기뻐했었다. 그러나 기쁨도 잠시, 숨쉬기가 답답하다고 하셔서 암 치료 받았던 원자력병원에 다시 가보니 폐암 3기가 되어 있었다. 2차 전이라서 치료확률 40%, 6개월 생존율 50%라는 진단을 받고 다시 모두 충격에 빠졌다. 그러나 정작 환자인 어머니는 담담하셨고 1차도 잘 받았는데, 그까짓 것 치료하면 되지 않겠냐고 더 긍정적이셨다. 살 만큼 살았고, 후회도 없다고 마음을 비우고 치료받으셨는데, 자궁암 치료 때보다 훨씬 예후가 좋았다.

교회도 열심히 다니며 마음의 안정을 얻으셨다. 벼락 맞았던 것 같은 경험에 의지하며 잘 견디시어, 5년 후 완치판정을 받았다. 정기적인 점검만 하면 되었고 건강 상태도 양호하여 밭일도 하시고 정상인들처럼 생활하시었다. 이제는 병원에 오지 않아도 된다는 말을 들은 후 얼마 안 되어, 어처구니없이 69세 되는 8월 새벽에 고추밭에서 일하시다가 심장마비로 돌아가셨다.

어머니가 교회에 다니실 때 아버지를 설득해서 같이 다니셨다. 아버지는 그냥 모양새만 신자였고, 진정성이 없이 다니셨다고 나에게 고백하셨다. 아버지는 대야면에 있는 노인학교 학장으로 활동하셨는데 노인학교를 핑계로 예배에 빠지기도 하셨단다. 그러다가 어머니가 폐암에 걸리면서부터 하느님께 맹세하셨단다. 낫게만 해주시면 정말 열심히 교회에 다니겠다고.

할머니가 돌아가신 후로는 할아버지와 할머니 제사만 지내셨다. 제사 상차림도 아주 간소하게 몇 가지 음식만 준비하셨다. 제사 절차도 최대한 간소화하여 3번만 절하는 것으로 했다. 내가 중고등학교에 다닐 때만 해

부모님과 아들딸

도 제사는 엄숙히 지냈으며, 그 순서도 매우 많았다. 6촌 아저씨가 제사 때마다 참석하여 제사 순서를 잘 설명해 주셨으나 외우기도 어려워서 그냥 조상들이 오셔서 식사하시고 술 드시는 정도로 이해했다. 참고로 제사 순서를 검색해보니 다음과 같았다. 설위, 추신위, 분향간신, 참신, 초헌, 독축, 아헌, 계반삽시, 첨작, 합문, 개문, 헌다, 철시북반, 사신, 철상, 음복으로 가끔은 순서가 뒤바뀌기도 했다.

어머니가 돌아가신 후, 시골에서 아버지만 혼자 사시는 것이 불안하여 둘째 동생이 시골로 내려가 여러 해 동안 아버지를 모셨다. 할아버지와 할머니 제사는 형식적으로 이어 가다가 점차 생략하게 되었다.

아버지는 아직 어머니께서 살아계실 때 대장암과 간암 수술하고 항암치료를 잘 받고 완치되셨다. 2008년 혈액암이 온 것을 모르고 2개월 정도 지내다가 급성백혈병으로 판명이 난 뒤 치료하기 시작했다.

1차는 급격히 늘어난 백혈구를 줄이는 치료를 했는데, 항암제를 맞을 때만 백혈구가 잠깐 줄었다가 다시 급격히 늘어났다. 백혈구가 기하급수적으로 증식되니까 정상 조혈세포의 조혈 기능이 떨어져 빈혈과 어지럼증, 구내염이 생겼다. 항암치료를 몇 번 더 했으나 효과가 없었다. 혈액투석과 병행했던 조혈을 돕는 치료도 효과가 없었다.

2차 치료로 조혈모세포 이식을 하였다. 고용량 항생제를 투여하여 환자의 병든 골수와 백혈병 세포들을 제거하고 건강한 조혈모세포를 주입하여 건강한 혈액 기능을 회복하는 적극적인 방법이다. 2차 치료 예후는 좋았고 백혈구 증식 속도가 정상궤도로 올라간다고 해서 치료가 되었나 싶었다. 정상인의 백혈구 수치는 4,000~10,000/㎕인데, 7,000/㎕ 수준에서 며칠 있다가 점차 증가하여 150,000/㎕이 넘어갔다. 다시 항암치료를 하여 어느 정도 수준으로 유지하였지만, 이런 방식으로 계속 치료하는 것은 환자에게 고통만 준다고 다른 방법을 써보자고 했다.

담당 의사가 마지막 단계로 허가도 받지 못했고, 의료보험도 안 되는 신약 항암제를 써보자고 했다. 최근에 개발된 신약이라고 해서 희망을 품고 모두 새로운 항암제에 기대를 걸었다. 신약을 4번까지 주사했지만, 효과가 없었다.

담당 의사는 아버지의 연세도 있고, 40년의 당뇨와 암 치료 경력이 있어 치료가 안 되었던 것으로 판단된다며 더 이상의 치료는 의미가 없다고 했다. 나는 의사에게 당신 아버지라면 어떻게 하겠냐고 물었다. 의사는 솔직히 내 아버지라면 연명치료를 하지 않고 진통제를 맞으면서 편히 가시게 하는 쪽을 택하겠다고 했다.

우리 가족도 치료를 계속해서 나을 것 같으면 치료하면서 기다려 보겠는데, 치료 방법이 없다고 하니 편히 보내드리는 것이 효도가 되겠다 싶어 요양원으로 모셨고 2개월쯤 통증만 조절 받으시다가 2009년 3월에 돌아가셨다.

새로운 믿음

부모님이 돌아가신 후 자연적으로 제사는 없어졌다. 종교가 다른 형제도 있고, 무신론자도 있고, 기독교인도 있지만, 생전에 아버지 어머니 모두 기독교를 믿으셔서 기일에는 제사를 지내지 않고 추모예배를 드리고 있다. 추모 일자도 꼭 기일에 맞추지 않고 형제자매 조카들이 모두 모일 수 있는 날로 한다. 해외에 있거나 중요한 일이 없는 한 모두 추모예배에 참석한다. 모이면 총 23명이 되는데, 그동안은 코로나로 각자 추모했지만, 2023년부터는 함께 예배를 드릴 예정이다. 그동안 조카들이 결혼하고 아이를 낳고 해서 총 31명이 될 것 같다. 이 책이 발간될 때쯤에는 몇 사람쯤 결혼도 하고 아이도 더 낳고 해서 35명이 되었으면 한다.

추모예배 이후에는 덕담도 나누고 식사도 하고 헤어진다. 명절에는 모이지 않고 각자 휴식, 운동, 여행, 미루어 두었던 일들을 한다. 별다른 일정이 없는 형제들은 만나기도 한다. 형제들 모두 강조한 사항은 부모가 살아 계실 때 최선을 다하자는 것이었다. 한 번이라도 더 찾아뵙고, 식

형제 부부들과 조카들

사도 같이하고 병간호도 분담하고, 안마도 한 번이라도 더 하기로 하였지만, 그래도 아쉬움은 남게 된다. 돌아가신 후 아무리 성대한 추모를 해도 의미가 없다고 생각한다.

아버지는 혹시나 형제들 간에 분란이 있을까 봐 재산분배를 유언으로 남겨두셨기 때문에 그대로 분배하였다. 분배의 기준은 각자에게 들어간 교육비와 재산형성의 기여도와 부모 공양의 정도와 현재 직업으로 향후 살아갈 수 있는 능력 등 다방면으로 고려하여 결론을 내렸다고 하셨다. 장례식 때 받은 조의금은 장례비와 병원비를 공제한 후 남은 금액을 분배하였다.

여섯 명의 형제와 아버지 몫으로 입금된 조의금을 개인별로 분류한 다음 수익자부담의 비율별로 계산하여 각자에게 지급했다. 농지가 두 필지가 있었는데, 이것도 매도하고 양도세를 공제한 후, 육 등분 하여 분배했다. 아버지는 이와는 별도로 추모예배 때 만나서 식사하라고 3천만 원의 예비자금을 남겨 놓으셨다.

고대사회 거의 모든 대륙에서는 살아있는 인간을 제물로 제사를 지내왔다. 그 후로 동물들을 제단에 올리다가 현대에 와서는 대부분 제사의 개념이 사라지고 있다. 제사, 제물의 관습이 문명의 발달로 변하는 것도 당연한 일이다. 마치 천동설과 지동설의 차이만큼이나 변했다.

어느 분이 쓰신 '어머니의 여한가(餘恨歌)'라는 글인데, 내 어머니 삶을 요약하신 것 같아 적어본다.

열여덟살 꽃다울제 숙명처럼 혼인하여 두세살씩 터울두고
일곱남매 기르느라 철지나고 해가는줄 모르는채 살았구나
봄여름에 누에치고 목화따서 길쌈하고 콩을갈아 두부쑤고
메주띄워 장담그고 땡감따서 곶감치고 배추절여 김장하고
호박고지 무말랭이 넉넉하게 말려두고 어포육포 유밀등과
과일주에 조청까지 정갈하게 갈무리해 다락높이 간직하네
찹쌀쪄서 술담그어 노릇하게 익어지면 용수박아 제일먼저
시아버님 반주거리 맑은술로 떠낸다음 청수붓고 휘휘저어
막걸리로 걸러내서 들일하는 일꾼네들 새참으로 내보내고
나머지는 시루걸고 소주내려 묻어두네 피난나온 권속들이
스무명은 족하온데 더부살이 종년처럼 부엌살림 도맡아서
보리쌀로 절구질해 연기불로 삶아건져 밥도짓고 국도끓여
두번세번 차려내고 늦은저녁 설거지를 더듬더듬 끝마치면

몸뚱이는 젖은풀솜 천근만근 무거웠네 동지섣달 긴긴밤에
물레돌려 실을뽑아 날줄들을 갈라늘여 베틀위에 걸어놓고
눈물한숨 졸음섞어 씨줄들을 다져넣어 한치두치 늘어나서
무명한필 말아지면 백설같이 희어지네 잿물내려 삶아내서
햇볕으로 바래기를 열두번은 족히되리 하품한번 마음놓고
토해보지 못한신세 졸고있는 등잔불에 바늘귀를 겨우꿰어
무거운눈 올려뜨고 한뜸두뜸 꿰매다가 매정스런 바늘끝이
손톱밑을 파고들면 졸음일랑 혼비백산 간데없이 사라지고
손끝에선 검붉은피 몽글몽글 솟아난다 내자식들 해진옷은
대강해도 좋으련만 점잖으신 시아버님 의복수발 어찌할꼬
탐탁잖은 솜씨라서 걱정부터 앞서는데 공들여서 마름질해
정성스레 꿰맸어도 안목높고 까다로운 시어머니 눈에안차
맵고매운 시집살이 쓴맛까지 더했다네 침침해진 눈을들어
방내부을 둘러보면 아랫목서 윗목까지 자식들이 하나가득
차내버린 이불깃을 다독다독 여며주고 막내녀석 세워안아
놋쇠요강 들이대고 어루리고 달래면서 어렵사리 쉬시키면
일할엄두 사라지고 한숨만이 절로난다 학식높고 점잖으신
시아버님 사랑방에 사시사철 끊임없는 접빈객도 힘겨운데
사대봉사 제사들은 여남은번 족히되고 정월한식 단오추석
차례상도 만만찮네 식구들은 많다해도 거들사람 하나없고
여자라곤 상전같은 시어머니 뿐이로다 고추당추 맵다해도

시집살이 더매워라 큰아들이 장가들면 이고생을 면할건가
무정스런 세월가면 이신세가 나아질까 이내몸이 끝나려나
그러고도 남는고생 저승까지 가려는가 어찌하여 인생길이
이다지도 고단한가 토끼같던 자식들은 귀여워할 새도없이
어느틈에 자랐는지 짝을채워 살림나고 산비둘기 한쌍같이
영감하고 둘만남아 가려운데 긁어주며 오순도순 사는것이
지지리도 복이없는 내마지막 소원인데 마음고생 팔자라서
그마저도 쉽지않네 안채별채 육간대청 휑-하니 넓은집에
가문날에 콩나듯이 찾아오는 손주녀석 어렸을적 애비모습
그린듯이 닮았는데 식성만은 입이짧은 제어미를 택했는지
곶감대추 유과정과 수정과도 마다하고 정주어볼 틈도없이
손님처럼 돌아가네 명절이나 큰일때는 객지사는 자식들이
어린것을 앞세우고 하나둘씩 모여들면 절간같던 집안에서
웃음꽃이 살아나고 하루이틀 묵었다가 제집으로 돌아갈땐
푸성귀에 마른나물 간장된장 양념까지 있는대로 퍼주어도
더못주어 한이로다 손톱발톱 길새없이 자식들을 거둔것이
허리굽고 늙어지면 효도보려 한거드냐 속절없는 내한평생
영화보려 한거드냐 꿈에라도 그런것은 상상조차 아니했고
고목나무 껍질같은 두손모아 비는것이 내신세는 접어두고
자식걱정 때문일세 회갑진갑 다지나고 고희마저 눈앞이라
북망산에 묻힐채비 늦기전에 해두려고 때깔좋은 안동포를

넉넉하게 끊어다가 윤달든해 손없는날 대청위에 펼쳐놓고
도포원삼 과두장매 상두꾼들 행전까지 두늙은이 수의일습
내손으로 다지었네 무정한게 세월이라 어느틈에 칠순팔순
눈어둡고 귀어두워 거동조차 불편하네 홍안이던 큰자식은
중늙은이 되어가고 까탈스런 울영감은 자식조차 꺼리는데
내가먼저 죽고나면 그수발을 누가들꼬 제발덕분 비는것은
내가오래 사는거라 내살같은 자식들아 나죽거든 울지마라
인생이란 허무한것 이렇게도 늙는것을 낙이라곤 모르고서
한평생을 살았구나 원도한도 난모른다 이세상에 미련없다
서산마루 해지듯이 새벽별빛 바래듯이 잦아들듯 스러지듯
흔적없이 지고싶다

제3장

사업은 타이밍이 제일 중요하다

대학생 때 앨빈 토플러의 "미래쇼크, 제3의 물결"이라는 책을 보고 '정말 세계가 그렇게 변할까?'하고 의심했었다. 그 당시만 해도 국내 산업이 초보 단계인데 그리 빨리 변하겠나 하였지만, 현재 토플러가 예견한 많은 부분이 현실이 되었다.

100년 역사를 가진 기업도 변화에 대처하지 못하면 쇠퇴한다. 자본이 아무리 튼튼한 세계 100대 기업이라 해도 미래를 준비하지 못하여 도태되는 것을 보아왔다. 1900년대 초반 미국에서 자동차의 40%는 증기기관이고, 38%는 전기차(단순한 축전지식)이고, 22%는 휘발유 차였다고 한다. 1920~80년대에 원유가 대량으로 발견되어 휘발유 가격이 낮아지자 휘발유 차만 살아남고, 다른 차들은 경쟁력을 잃고 사라져갔다.

1990년부터는 산업기술이 발전되어 더 효율적으로 전기차를 만들 수 있는 환경이 조성되었다. 화석연료 차량은 대기오염과 온난화를 일으키므로 점차 전기차나 친환경차로 대체될 것이다. 따라서 화석연료 차량에 관련된 모든 산업은 사양화될 것이다.

어떤 사람은 건강에 좋다는 오리고기 집을 열심히 준비하여 영업을 시작하면 조류 인플루엔자(AI)가 유행되어 개점휴업 하게 되고, 돼지고깃집을 준비하면 치사율 100%의 아프리카돼지열병(ASF) 때문에 영업이 힘들어지기도 한다.

첫발 디딘 회사생활

1978년 10월 두산유리 영등포공장에 취직됐다. 당시에는 인력이 부족하여 졸업하기 3~4개월 전에 실습을 겸해서 취직되는 것이 일반적이었다. 제3차 경제개발 5개년 계획(1972~1976년)이 끝나고, 제4차 경제개발 5개년 계획(1977~1981년) 기간으로 모든 기간산업에 좀 더 숙련된 기술이 요구되는 시기였고, 제철, 비료, 시멘트, 유리 등은 호황기였다.

두산유리에서 내가 맡은 업무는 유리컵과 유리병에 인쇄기로 인쇄하는 전문적인 작업이었다. 과장과 계장을 보좌하여 인쇄 불량률을 줄이고, 새로운 인쇄기법을 도입하는 일을 맡았다. 판촉용 유리컵에는 우유, 음료, 술 등의 상표를 인쇄하고, 시판용에는 꽃무늬 등을, 유리병에는 콜라, 환타 등의 상표를 인쇄했다.

기념행사를 인쇄한 유리맥주잔

유리공장은 용해로가 있어 365일 가동하기 때문에 3교대 24시간 근무 체제였다. 고체인 각종 원료를 용해로에 넣고 1,500℃ 정도로 가열하면 액체가 되는데, 만들려고 하는 용기의 질량만큼 유리물을 가위로 자른 다음 금형에 넣고 공기로 불어 넣던지, 플런저로 찍어서 성형한다. 성형된 것을 서냉(徐冷)시키면 완성품이 되는데, 온도에 민감한 작업이라서 당시 불량률이 20% 정도였다. 신제품을 출시하게 되면, 알맞은 조건을 찾을 때까지 하루 이틀 퇴근하지 못하고 해결해야 했다.

유리는 고체가 아니고 과냉각된 액체이다. 유럽성당의 창문 유리에 있는 스테인드글라스도 액체라서 오랜 시간이 지나면, 유리가 아주 조금씩 흘러내려서 밑 부분이 약간 두꺼워진다.

유리는 어떤 원료를 쓰느냐에 따라 종류가 달라진다. 모래에 붕규산염을 넣으면 열팽창이 적은 내열유리가 되어 전자레인지와 인덕션에서 사용할 수 있다. 모래에 소다회를 넣은 소다회유리로는 유리병, 유리컵, 유리 식기, 판유리 등을 만든다. 소다회유리를 500℃나 800℃ 정도에서 150℃ 정도로 공기로 급냉하면 강화유리가 된다. 마치 쇠붙이를 가열해서 담금질하면 쇠가 단단해지는 원리와 같다. 이렇게 만들어진 강화유리는 강도만 강하고 열팽창에 매우 취약해서 전자레인지나 불 위에 올려놓고 가열하면 폭발하여 위험하다. 모래에 납을 넣으면 크리스탈유리가 되는데, 가공하면 보석같이 반짝거리며 부딪쳤을 때 맑고 청량감 있는 금속성 소리가 난다.

내 업무는 유리용기에 무기 재료인 잉크를 일본제 인쇄 기계인 Fuji,

두산유리 방문객에게 인쇄공정을 설명함

Toyo, 미국제 기계인 Eldred로 인쇄하는 것인데 인쇄된 용기를 인쇄로에서 600℃까지 올려 잉크가 녹고, 유리용기의 표면도 살짝 녹은 상태에서 잉크와 용기를 접착시킨 다음, 서냉시키는 일이었다.

1981년 영등포공장이 매각되어 공장 설비를 군산공장으로 옮기게 되었다. 군산으로 이전하면서 일본제 기계들은 효율성이 떨어져 폐기하고, 미국제는 이전하고, 새로운 독일제 Kammann를 도입했다. 후일 미국제도 효율성이 떨어져 폐기하고, 이탈리아 Techno5 인쇄기를 도입했다. 인쇄에 대한 전문적인 사항은 그 계통에서 일하는 사람이 아니고는 이해하기도 어렵고 지루할 테니 생략하기로 한다.

제조과 인쇄계에서 10년 정도 근무한 후 물류과, 품질관리과, 군포공장 식기생산라인 팀장으로 있다가 1994년 퇴사했다. 두산유리에서 16년 근무한 셈이다.

입사하여 처음 유리공장을 보고 뜨거운 열기와 각종 기계의 소음을 견뎌야 하는 극한직업 중의 하나라고 생각했다. 가끔 견학하러 오는 사람이나 학생들은 공장 안에 들어서는 순간부터 귀를 막고 코를 막고 멀찍이 떨어져 보다가 재빨리 빠져나가는 사람들도 많았다. 어린아이인 경우는 무서워서 울기도 했다.

일본연수 중 여행한 오사카성

1980년에 기술제휴 되어 있던 일본공장으로 연수를 갔는데, 과장급이 모두 50대인 것을 보고 오래 다닐 곳은 못 된다고 생각했다.

일본 출장 중 금각사에서

독일 인쇄기 구입 시 관계자들

인쇄 업무만 10년 정도 해보니 지루하기도 하고, 싫증 나기도 하고 해서, 다른 일을 하고 싶은 생각이 들었다. 내 능력으로 할 수 있는 일이 무엇일까 하고 여러 직종을 검토해 보았다. 급격히 늘어나는 자동차의 정비를 배워 정비소를 운영하면 좋을 듯했다. 다른 하나는 내가 하는 인쇄 일을 독립해서 하는 것이었다. 두산유리는 대량생산 체제라서 다품종 소량 인쇄를 할 수 없으므로 그 다품종 소량을 겨냥한 소규모 인쇄시설을 갖춘다면, 틈새시장으로 사업성이 충분하다고 생각했다.

당시 기념행사에는 유리나 도자기에 상호를 인쇄하여 선물하는 경우가 많았고, 음식점들은 그릇에 자기 상호를 인쇄하여 영업했기 때문에 다품종 소량 생산할 곳이 필요했다. 담당 이사에게 의견을 여쭈어보았는데,

회사에서도 필요한 사항이니 적극적으로 지원할 의향이 있다고 해서 준비작업을 하였다. 그러나 내가 마음에 두고 있던 장소는 성남물류 하치장이었는데, 장소에 이견이 있어 없었던 일로 되었다.

퇴직은 없었던 일로 되었고, 나는 공석이었던 군포공장 식기생산라인의 팀장으로 다시 이동발령 되었다. 24시간 근무하는 유리공장은 인적사고, 기계적인 사고, 품질 사고, 설비 사고, 숙직, 국내외 출장, 국내외 연수, 노사분규, 직원들의 애경사, 단합대회 등으로 집 밖에서 자는 날이 1년에 160여 일 되는 고된 직장이라서 나의 건강을 염려한 아내가 앞장서서 다른 직업을 알아보다가 안경사가 될 것을 권유했다.

이탈리아 인쇄기 구입 차 주말에 여행한 베네치아

독일 포장로봇 구입한 회사 앞에서

1990년대 초기에는 안경사가 인기 직업이었고, 내 적성에도 잘 맞을 것 같은 데다 무엇보다 정년 없이 일할 수 있다는 것이 큰 장점으로 생각되어 안경사가 되기로 하였다. 안경원을 개원하거나, 안경사로 근무하려면, 안경광학과를 졸업하고 국가고시에 합격해야 한다. 그 당시 안경광학과에 입학하는 두 가지 방법이 있었다.

한 가지는 수능합격자가 지원하는 방법으로 경쟁률이 보통 10:1 정도였다. 다른 하나의 방법은 시험 없이 입학할 수 있는 특례제도였는데, 안경 산업체에서 근무하는 사람이 그 산업대표의 추천으로 입학하는 방법이었다. 또 다른 특례 입학제도는 대졸자가 지원하는 방법으로 일종의 편입제도인데, 지원자가 많으면 성적순서로 합격자가 결정되었다.

대졸자에 배정된 인원은 극히 적어서 운에 맡길 수밖에 없었다. 대졸자의 입학 조건은 학교나 학과에 차등이 없고 가산점도 없고 오직 성적(학점)과 면접만으로 합격 여부가 결정되었다. 나는 성남에 있는 서울보건전문대학 안경광학과 야간반에 지원했고, 합격했다. 대졸 출신 합격자는 총 3명이었다. 서울보건전문대학은 2년제였는데, 현재는 학교 명칭이 을지대학으로 변경되었고 4년제로 바뀌었다. 43살에 커다란 행운으로 입학하여 2년간 공부하였다. 2년제라서 교양과목은 아주 적었고, 안경과 눈에 관련된 전문적인 교육을 받았다.

아내의 리틀타익스 사업

내가 두산유리에서 퇴사할 때쯤 아내는 지인과 함께 동업으로 분당 야탑동에서 어린이 완구인 리틀타익스 판매점을 열게 되었다. 당시는 노태우 13대 대통령(1988~1993년) 시절로 3저 호황과 년 7~8% 성장률, 88올림픽의 성공적 개최 등으로 전 국민의 75%가 중산층이라고 할 만큼 역대 정부 중 중산층 비율이 가장 높았고, 부동산 가격이 폭등하여 분당과 일산 등에 2백만 가구를 지어 주택 가격을 안정시켰다. 분당 신도시가 건설되자 강남에 거주하던 사람들이 대거 이주하면서 매매차익으로 여유자금이 많을 때였다.

천당 밑에 분당이라고 했던가! 10만 가구가 들어선 분당에 아파트단지마다 어린이집과 유치원이 생기면서, 어린이 놀이기구 수요가 폭발적으로 늘어났다. 미끄럼틀, 자동차, 시소, 주방용품 등 50여 가지 품목이 생산되었는데, 모두 잘 판매되었다. 분당 외에 성남시, 이천시, 광주시, 용인시, 충청도, 전라도, 강원도에서까지 주문이 들어와 배달하고 조립하여 주었다. 어린이가 있는 부모가 리틀타익스를 모르면 간첩이라고 했을 정도였다. 분당에서 가게를 시작하려고 할 때 리틀타익스 대리점들이 이미 각 도시와 구마다 점포가 한두 개 있을 정도로 인기가 많았다.

어린이 완구로써 리틀타익스가 다른 완구에 비해 독보적으로 판매되었던 것은 첫째로 인체에 해로운 물질이 없는 제품이었고, 둘째는 튼튼하고 안전하게 만들어져서 성인들이 사용해도 잘 부서지지 않았기 때문이다.

아내가 리틀타익스 판매점을 하던 2년 동안, 나는 낮에는 주문받은 제품의 배달, 조립, 창고정리, A/S를 하다가 저녁에는 안경광학과에서 오후 6시부터 10시까지 수업을 받았다. 어린이 완구라고 해도 자그마한 장난감이 아니라 대부분 놀이기구였기 때문에 부피가 크고 무거운 것도 많아서 배달하고 조립하는 노동의 강도가 농사일 못지않았다. 특히 어린이용 자동차 침대는 길이가 240cm 정도 되어 가구나 피아노가 있는 방에 설치하려면 가구나 피아노를 옮겨야 하는 일도 종종 있었다.

무엇보다 힘든 것은 16년 동안 회사에 다니면서 조직문화가 몸에 뱄는데 갑자기 지시 하달을 받는 일로 바뀌다 보니, 이에 적응하기까지 인내의 시간이 필요했다. 회사에서는 나이 많은 상사로부터 회사의 방침을 지시받고, 계장들과 협의해서 계획을 세워 일을 처리했었는데, 완구 배달하러 가면 가끔 젊은 주부들로부터 일방적으로 지시를 받아야 하는 것이 자존심이 상하고 창피한 일이었다. 험한 말로 마치 하인 대하듯 할 때는 완구를 시작한 것에 대해 자괴감도 들고 후회도 되었지만, 어찌 세상 사는데 편한 길만 있겠냐고 나의 목표는 안경원 개업이니까 조금만 참자

하고 스스로 다독였다. 그러나 내가 땀을 뻘뻘 흘리면서 조립하고 있으면 시원한 음료나 물을 건네주면서 수고가 많다고 위로하시는 분들이 대부분이었다.

한국에서 리틀타익스가 폭발적으로 판매가 일어났고, 특히 분당점이 전 세계에서 단위 매장당 판매가 가장 많았다. 그 때문에 포춘지에서 우리 매장으로 취재하러 와서 인터뷰한 내용이 1995년 가을에 기사화되었다. 그 당시 기사를 보관하지 못한 것이 매우 아쉽다. '사업만 잘되면 되지' 하는 생각에 자료를 버렸던 것이 후일 이렇게 글을 쓰다 보니 아쉬움으로 남는다.

분당점이 전 세계에서 판매왕이 된 것은 분당 신도시가 형성되면서 어린이가 있는 가족이 많이 이주해 왔고, 집을 매매하고 그 차액이 구매력으로 이어지는 시대적 배경이 맞아떨어졌기 때문이었다. 아내도, 동업하신 분도 아이를 키워본 경험으로 판매를 잘했으며, 또한 A/S를 완벽하게 해주었는데, 덕분에 어린이집과 유치원 원장이 입소문을 내주어 다른 지역에서도 주문이 많이 들어왔다.

안경에 입문

안경광학과에서 2년간 안과학, 안경광학, 조직학, 시기해부학, 시기생리학, 안질환, 생화학, 굴절검사, 조제가공, 검안학 등의 전문교육을 받고, 국가고시 시험에 합격하여 안경원을 개설하거나 종사할 수 있는 면허증을 확보했다. 시험 합격률은 대략 70% 선인데, 인체 특히 눈에 대해 암기할 것이 많았다. 시기나 조직학 등을 배우면서 의대생들의 학습량을 추론해 보니 상상을 초월한 양이어서 의사들을 존경할 수밖에 없었다.

어린이 완구 판매가 호조를 보이자 안경을 포기할까도 생각해 보았는데, 원래 안경업을 하려고 했었고, 때마침 동업하던 지인도 미국으로 이민 가게 되어 리틀타익스를 다른 사람에게 양도하였다. 공교롭게도 양도하고 나서 얼마 지나지 않아 어린이 완구 판매는 하락세에 접어들기 시작했다.

나는 안경원을 개원하기에는 실무 경험이 부족하므로 지인의 안경원에서 실습도 하고, 지인의 병원에서 콘택트렌즈도 실습하고, 안경 산업체에서 주관하는 각종 교육과 세미나 등에 참석하였다.

안경원을 개설하려면, 위치가 매우 중요하므로 이에 대한 준비도 병행했다. 내가 거주하는 송파지역의 지도를 펴놓고 유동 인구, 관공서, 학교, 편의시설, 거주 인원수, 교통편, 거주 인구 대비 적정 안경원 수와 경쟁하려는 안경원의 경영 능력도 파악하여 2~3곳으로 압축한 다음 오전, 오후, 저녁으로 실사를 하였다. 요일별로도 반복해서 며칠씩 확신이 들 때까지 실사하였고, 최종적으로 마천동 사거리로 정하고 부동산을 통하여 매물로 나온 상가를 계약한 것이 현재 영업을 하는 위치이다.

이렇게 일 년간 안경원 개점을 준비하는 사이에 아내는 여동생과 함께 구의동 프라임아파트 단지 상가에서 인테리어 가구점을 했고, 영업은 보통 수준이었다. 1997년 1월에 마천동 사거리에서 3명의 안경학과 동

씨채널 안경원

문이 합심해서 아이원안경원을 개원했다. 두 명은 안경원 경력이 있었고, 나는 초보였다. 6개월 후에 동업자 한 명이 이탈한 후 씨채널 마천점이라는 체인점 안경원으로 상호를 바꾸었다.

90년대 각종 매스컴에서 안경 마진이 좋다고 서로 경쟁적으로 보도하자 남대문에서부터 시작된 가격파괴가 내가 안경원을 개설할 즈음에는 전국적으로 파급되었다. 개점할 당시에만 해도 안경 착용 인구가 많고, 패션용으로도 많이 써서 안경 수요가 많을 때였다. 가격이 파괴된 금액으로 판매하다 보니, 매출은 목표보다 낮았지만 판매량이 많아서 어느 정도 궤도에 오르던 중에 1997년 12월 IMF를 맞았다. 대기업, 은행, 중소기업, 일반기업, 개인들도 파산하여 대규모 실업 사태가 일어나고, 국가부도설까지 거론되었다. 안경은 타 업종보다 덜 힘들었지만, 그래도 손익분기점(BEP)을 맞추기 위해 불요불급한 구매는 모두 연기하고, 비용을 줄이기 위해 식사도 가게 안에서 해결하였다. 안경원의 근무 특성상 외부에 나가 식사를 하지 못하고 배달시켰는데, 그 비용도 줄였다.

내가 학교에 다니던 1994년에는 안경광학과가 있는 대학은 20여 개였는데, 점차 증가하여 2000년부터는 60여 개가 넘는 대학에서 배출된 안경사들이 안경원을 개설하면서 출혈경쟁이 가속화된 것이 현재까지 진행형이다. 출혈경쟁을 하려다 보니 비용을 줄이려고 종업원을 해고하고 사장 혼자서 근무하는 업체가 60%에 달한다. 해고된 종업원은 다른 곳에 취업하지 못하고 그나마 자기가 내용을 알고 있는 안경원을 신규 오픈하게 되어 출혈경쟁은 더욱 심해지고 있다. 다른 자영업도 어려움이 많은데 안경업계 역시 대출로 근근이 연명하는 업체도 많고 폐업을 고려하는 데도 많다.

안경사라는 직업의 매력이 떨어지다 보니 현재 안경광학과 숫자는 45개로 줄어들었고 앞으로도 계속 줄어들 것으로 보인다. 안경값은 남대문에서 비롯된 가격파괴를 시작으로 30년째 내려가고만 있다. 다른 물건이나 서비스에 비교하여 절대적으로 또 상대적으로 낮은 가격이다.

2023년 현재 안경사 경력 28년째인데, 그동안 안경 착용 인구는 기하급수적으로 줄어가고, 안경원은 계속 늘어나서 어려움이 가중되고 있다. 2000년 들어와서는 라식수술이 일반화되면서 안경을 착용하는 젊은 층이 매년 10만 명씩 시력교정술을 받고 안경을 벗는다. 근래에 와서는 저출산으로 초중고생들의 절대 안경 착용 인구가 줄고 있다. 최근에는 노안 시력교정술이라는 이름으로 백내장수술(IOL)을 하여 노인들의 안경 착용 인구도 급격히 줄어들었다.

일부 안과에서는 브로커를 동원하여 노안 수술을 하면 실손 보험을 받을 수 있다고 부추겨서 백내장이 아닌 사람도 수술하는 말 그대로 생내장(생눈)을 수술하여 사회적으로 물의를 일으키고 있다. 손해보험사가 백내장 수술에 지급한 실손 보험금이 2016년에 779억이었으나, 2020년에 6,480억 원이었고, 2021년에는 1조 원이 넘을 것으로 추정한다. 최근 보험연구원이 발간한 국민건강보험과 민영건강보험의 역할과제 보고서에 따르면 실손 보험 등 민간보험이 필요 이상으로 유발한 과잉수술이 2020년 기준으로 93,398건에 이르는 것으로 추정된다.

실손 보험 지급 총액의 12.4%가 백내장 수술비였다. 정부는 2021년 9월 백내장 수술비를 실손 보험 보장 대상에서 제외했다. 실손 보험이 적게 내고 많이 받는 구조에다 백내장 수술, 도수치료와 같은 과잉 진료로 인하여 작년에만 3조 원의 손실이 발생하여 보험사들이 20% 인상을 요구하였으나, 10%대 인상으로 결정되었다.

실손 보험을 내는 국민의 절반이 혜택을 받지 못하고, 10% 정도의 실손 보험 가입자가 실손 보험 보상금의 50%를 받아 간다는 통계를 보고, 제도의 허점을 빨리 수정해야 선량한 가입자의 피해를 줄일 수 있다는 생각이 든다.

지금 한국의 안경값은 동남아 국가들보다 저렴하다. 더욱이 환율, GDP 등을 감안하면 상대적으로 더더욱 저렴한 편이다. 안경업계는 저출산, 라식수술, 백내장수술, 과당경쟁, 물가상승, 경기침체의 육면초가에 서 있다.

내 나이 70이 되는 동안 여러 직업을 거치면서 회상해 보면 사업은 정말 타이밍이 중요하다고 생각한다. 내가 유리공장에 다닐 때는 유리업계가 호황기였으나, 플라스틱 재료들이 대거 등장하면서 유리공장들은 활력을 잃어갔다.

장난감 완구도 시대적 배경이 잘 맞아서 세계적으로 판매왕이 된 적도 있었지만, 단순한 놀이기구이던 리틀타익스 완구를 대체하는 다양한 놀이기구와 학습 열기 등으로 리틀타익스 사업도 인기가 서서히 식어갔다.

안경도 가격파괴 시점에 개원했지만 10년 정도는 잘 운영되다가 지금은 바닥을 기고 있다. 나이도 나이인 만큼 소일거리 삼아 시력이 좋지 않은 사람들의 눈이 되어 준다는 자부심으로 건강이 허락되는 날까지 일하려고 한다. 일이 있어야 건강도 유지할 수가 있다고 하니 더욱더 열심히 일해야 한다. 요즈음 시대 표현으로 워라블(Work-Life-Blending)을 선행하고 있다고 생각한다. 현재 운영하고 있는 안경원의 건물이 오래되어 리모델링을 할 계획이라고 건물주에게서 전달받았다. 리모델링이 완료된 후 재입주, 다른 건물로 이전, 폐업의 선택이 기다리고 있다.

공교롭게 3번의 개인사업 모두 동업이었고, 성공적으로 마무리를 하였고, 안경은 지금도 28년째 동업을 하고 있어 동업 예찬론자가 되었다. 자서전까지 동업으로 쓰게 될 줄은 몰랐다. 혼자 쓰면 다양성도 없고, 읽는 사람도 지루했을 텐데 어찌하다가 동업으로 글을 쓰니 한결 편하다. 52년생인 내가 공동으로 글을 쓰다 보니 1살이나 더 젊어지는 혜택을 보게 되어 기쁘기도 했다.

동업의 모든 것

동업의 좋은 점이 많아서 몇 가지 조건만 잘 맞으면 동업하는 것을 추천하고 싶다. 동업이 성공하려면 파트너의 선정이 제일 중요하다.

파트너를 선정할 때는

첫째, 코드가 서로 잘 맞아야 한다. (사자와 하이에나는 동업하지 못한다)

둘째, 사업대상의 관심사가 서로 같은 방향이어야 한다.

셋째, 해당 사업에서 충분한 이익 창출이 가능해야 한다. (아무리 용맹하고 지혜로운 사자라도 먹잇감이 없으면 굶어 죽는다)

넷째, 도덕과 윤리를 중시하고 배려와 존중의 자세가 되어 있어야 한다.

다섯째, 동업계약서를 상세하게 적어야 한다. (출자 비율, 경영, 책임, 손익의 분배 등등)

동업하게 되면 이런 장점이 있다.

첫째, 적은 출자금으로 사업을 시작할 수 있고, 인력은 배가 될 수 있다.

둘째, 동업자 서로의 역량이 보완되면서 혼자 할 때보다 시너지 효과가 높다.

셋째, 자영업은 근무 시간이 많은데, 상호 협조하면서 효율적으로 조절하면 휴무, 여행, 애경사 참석을 무리 없이 할 수 있다.

넷째, 의사결정에서 균형감을 유지하여 실패할 확률을 절반으로 떨어뜨린다.

다섯째, 소득세율이 낮아져서 절세할 수 있다.

반면에 이런 단점도 있다.

첫째, 소득을 지분만큼만 가져간다.

둘째, 부가세는 연대 납으로 동업자 한 명이 미납하면 다른 한 명이 모두 내야 한다.

셋째, 서로 의심하거나, 배려가 없다거나, 개인적인 욕심이 있을 때는 분란의 원인이 되고, 원수지간으로 되어서 모두 손해를 볼 수 있다.

파트너를 잘 선택하고 서로의 격려와 배려가 있으면 단점은 보완된다고 생각된다.

철저히 동업하며 분업하는 동물 중에 개미가 있다. 지구상에서 최강인 동물은 인간과 개미이다. 개미는 약 1만 종에 달하고, 전쟁도 하고, 농사도 짓고, 노예도 부리는데 개미의 숫자는 1백경쯤 되어 개미의 전체 중량은 인류 전체 80억 명의 중량과 같은 정도이다. 개미가 인간과 더불어 지구상에서 최강의 동물이 된 것은 소통하며 분업하여 맡은 바 일을 열심히 하고 집단을 위해 희생할 줄 알기 때문이다.

대한민국이 전쟁의 폐허 속에서 원조받는 나라였지만 빠르게 성장할 수 있었던 것은 모든 국민이 개미와 같이 맡은 바 일을 열심히 한 결과라고 생각된다. 한 예로 나 유년 시절만 해도 산은 온통 황토 민둥산이었는데, 땔감으로 나무 베는 것을 금지하고, 화전을 대체하고, 초가지붕을 양철로 바꾸고 식목하는 등등의 노력으로 세계 어느 나라와 비교해도 손색이 없는 숲을 만들었다. 초가지붕을 양철이나 슬레이트로 바꾼 것은 볏짚도 아끼려는 세심한 정책이었다.

새마을운동이 가져온 정신적인 효과도 근대화를 이루는 강력한 정책 중의 하나였다. 우리 집으로 들어가는 시골길은 좁고, 비포장이라서 비가 오면 발이 빠지고, 빗물에 길도 유실되고, 리어카도 다니기도 불편했다. 새마을운동이 시작되고 나서 길을 넓히고 시멘트 포장을 하여 경운기는 물론이고 자동차도 잘 다닐 수 있도록 한 것은 시골길에 경부고속도로를 건설한 것에 비유할 수 있다.

우리 집 앞과 밭을 지나는 길이 있었는데 지게나 메고 지나갈 정도의 좁은 샛길이 있었고, 세 가구가 이용하는 길이 있었다. 우리 집 뒤쪽으로도 샛길이 있었고 한 가구가 살았다. 새마을운동이 시작되자, 아버지께서는 사유재산인 우리 집 앞뒤의 샛길을 리어카가 다닐 수 있도록 조건 없이 내놓았다. 아주 튼튼하고 경관이 좋은 탱자나무 울타리를 모조리 잘라내고 길을 넓히도록 했다. 길로 내어준 길이만 해도 약 150m 정도였고, 면적으로는 300㎡ 정도였다.

모두가 잘 살아보자고 한 구호가 공동체 의식을 높이는 계기가 되었다. 개인의 사유재산이 침해되는 것에 대해 어느 정도의 불만은 있었지만, 모두가 잘사는 것에 더 높은 가치를 두었다.

외환위기를 극복하는 한 방법으로 금 모으기 운동을 하였는데, 아버지는 이 운동에 적극 참여하여 노래 가사를 만들어 라디오나 TV에도 출연하시고, 군산지역 홍보대사도 하셨다. 이때 우리 집에 있던 돌 반지, 장신구, 기념품 등 금이란 금은 모두 금 모으기 운동에 보탰다. 금 모으기 운동에 351만 명이 동참하여 227톤의 금(18억 달러)을 모았다. 외환 부채가 304억 달러인데, 금으로 모은 18억 달러는 외채를 갚기에는 매우 부족한 금액이었다.

그러나 이러한 운동은 어느 국가에서도 볼 수 없었다. 오직 한국인들만이 보여준, 위기에서 국민들이 단결하여 외환위기를 극복하려는 강력한 의지가 전 세계에 알려졌다. 금 모으기 운동은 IMF를 졸업할 수 있었던 원동력이었고, 대내외적으로 대한민국의 국가신용도를 높였다.

우리말 속담에 '사촌이 논 사면 배 아프다'라는 말이 있다. 사촌이 논 사면 왜 배가 아파야 할까? 시기심인가? 질투심인가? 상대적 빈곤감인가? 원래 사촌과 사이가 좋지 않았나? 사촌의 거드름이 보기 싫은가? 경쟁에서 패배해서 자존심이 상했는가? 강도나 절도한 돈으로 산 것인가? 뇌물로 샀는가? 내가 사려고 했는데 선수를 빼앗겨 심기가 불편한가? 사촌이 금수저인가? 사촌이 논 사면 세금도 더 내어 나한테 이익이 되면 되었지, 손해가 아닌데도 배가 아픈 것은 사촌을 이겨야 한다는 무한 경쟁의식에서 비롯된 것이라고 본다.

우리나라는 '빨리빨리'가 몸에 밴 경쟁 성향 덕분에 짧은 시기에 경제대국을 이루었지만, 사회에서 도태된 사람들은 상실감에 빠지게 된다. 우리나라에서는 OECD에서도 가장 많은 자살자가 나와 작년에만 12,668명이 세상을 떠났다. 나는 이러한 속담이 없어지고 격려와 축하가 되는 내용으로 바뀌어야 한다고 생각한다. '사촌이 논 사면 축하해 준다' 아니면 '사촌이 논 사면 기쁘다'라고. 선의의 경쟁은 꽃길을 만들어 발전하고, 악의의 경쟁은 가시밭길을 만들어 멸망한다.

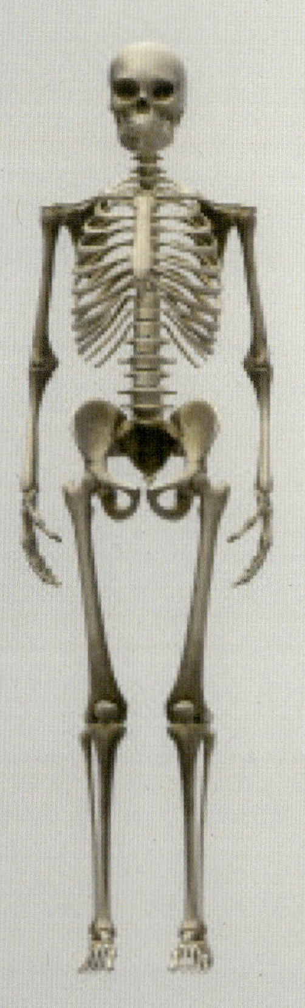

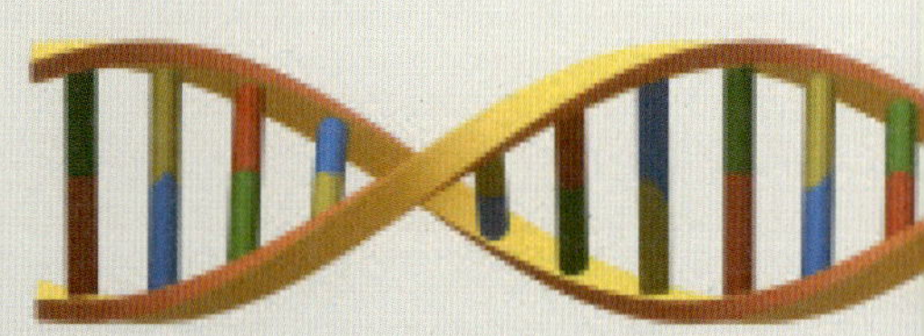

제4장

건강하게 100세를 살 수 있을까?

세균과 친하게 지내야 한다

'산은 산이요, 물은 물이다'라는 성철스님의 유명한 말이 있다. 이 말은 세상의 모든 사물이 가지고 있는 본질을 있는 그대로 보아야 한다는 뜻이라고 생각한다. 있는 그대로를 볼 수 있다는 것은 세상의 진리와 이치를 안다는 말이다.

같은 의미로 인간이 건강하게 산다는 것은 '잘 먹고, 잘 자고, 잘 싼다'로 요약할 수 있을 것이다. 이 세 가지를 잘하는 사람의 얼굴빛만 보아도 건강하고, 근심이 없어 보인다. 잘 알고 있으면서도 실천하려 해도 뜻대로 안 되거나 못하는 사람들이 많다.

흙이나 물이나 사람 몸에도 수많은 세균, 바이러스, 박테리아, 곰팡이, 미생물들이 공존하고 있다. 자연계에 유익한 것이 대부분이지만, 질병을 일으키는 종류도 많다. 바이러스로는 코로나, 사스, 독감, 홍역, AIDS, 간염, 자카, 에볼라, 엠폭스(원숭이두창)가 현재까지 사람을 괴롭히는 종류이지만 여러 동물이나 식물에 기생하는 알려지지 않은 수많은 바이러스가 언제 변이되어 사람을 공격할지 모른다.

단세포 미생물인 박테리아도 스스로 살아남으려고 강해져서 항생제 내성으로 슈퍼 박테리아가 되어 폐렴이나 패혈증을 일으켜 우리나라에서만 연 3,600명이 죽었다. 세균은 식중독균, 폐렴균, 이질, 파상풍, 콜레라균, 살모넬라균, 매독균, 헬리코박터 파일로리균 등이 사람들을 괴롭힌다.

세균은 티스푼만큼의 흙 속에도 수십억 마리가 있고, 사람 침 속에도 수백만 마리의 세균이 산다. 세균들은 지구 어느 곳이나 살고 있다. 세균은 여러 가지 화학적 변화를 일으킬 수 있는데, 복잡한 화합물을 분해하는 이화작용과 새로운 물질을 합성하는 동화작용을 수행한다. 우리 몸속에서 녹말, 펙틴, 셀룰로오스와 같은 고분자 유기화합물은 여러 세균에 의해 단당류(포도당)로 분해된다. 단백질은 단백질 분해효소에 의해 아미노산으로, 지방은 지방산과 글리세롤로 분해된다. 우리는 이렇게 분해된 단당류, 아미노산, 지방산들을 장에서 흡수하여 살아가는 데 필요한 에너지로 쓴다.

마찬가지로 세균이 없으면 식물도 살 수가 없다. 세균은 먹이사슬의 순환구조로 되어 있어 생명체가 살 수 있도록 하고, 죽은 후에는 분해해서 원위치로 만들어 놓는다. 또한 세균은 단순한 화합물을 이용해 효소, 세포 구조물 등의 고분자 물질을 합성해 항생제, 색소, 독소 등을 만든다.

미국의 어느 부모가 딸을 낳아서 지구상에 있는 많은 세균으로부터 보호해서 잘 키운다고 멸균실을 만들어 그 안에서 키웠는데, 멸균실 밖으로 나오면 알레르기와 천식 때문에 살 수가 없어 성장하고 난 뒤에도 멸균실에서만 지내야 한다는 기사를 보았다. 적정하게 세균과 잘 공생해야 건강하게 살아가는 데 지장이 없다는 걸 다시 한번 생각하게 한다. 그렇지만 의료 시설이 열악한 아프리카에서는 세균들에 과도하게 노출되어 건강을 해치므로 적절한 환경에서 상호유기적인 관계가 이루어져야 한다.

각종 병원균이 우리 몸 안으로 들어오면 백혈구가 세균을 잡아먹는다. 백혈구의 종류는 5가지인데, 단구는 세균을 잡아먹으면서 대식세포로 분화하여 박테리아나 죽은 세포를 포식한다. 호중구는 세균이나 곰팡이를 방어한다. 호염기구는 신체 방어용으로 히스타민과 헤파린 화학물질을 분비한다. 호산성구는 알레르기, 기생충을 방어한다. 마지막으로 임파구가 있는데 임파구 중에서 B세포는 항체를 만들어 병원균의 침입을 차단하고. T세포는 식균작용, 혈액 속의 이물질을 제거하고, NK세포는 바이러스, 종양세포를 제거한다.

어느 분이 호중구는 육군, 호염기구는 해군, 호산성구는 공군, 임파구는 특수부대와 국정원, 단구는 청소부대라 하시니 백혈구의 종류를 이해하기가 쉬웠다. 이외에도 선천면역세포 중 하나인 대식세포, 눈물에는 항균성 효소인 라이소자임, 위산, 상처를 봉합하는 혈소판 등이 세균의 침입을 막는다. 건강한 인체라면 어떠한 세균이 들어와도 방어할 수 있고, 항체를 만들어 더욱 강한 면역력을 갖게 된다.

각종 질병을 앓다

초등학교 4학년 때 결핵에 걸려 약 한 달간 등교하지 못했다. 결핵을 다른 친구들에게 옮기지 않기 위해 한동안 집과 병원만 오가며 치료하였다. 지금은 결핵균에 감염되는 일이 현저히 줄어들었지만, 나 어렸을 당시만 해도 영양결핍, 조기검진 미흡 등으로 결핵환자가 많았다. 치료는 하였지만 약해진 몸이 회복되는 데는 시간이 필요했다. 초등학교에서 단 한 번 가는 수학여행도 포기하여야 했다.

고등학교 시절부터는 위염이 오기 시작하여 병원에서 위하수체라는 진단을 받았다. 처방약을 먹으면 좀 나아지고 얼마 지나고 나면 재발하는 일이 반복되었다. 잘 낫지 않자 한의원에서도 처방받아 치료했지만, 치료할 때만 반짝 효과가 있고, 어느 정도 시간이 지나면 위염이 재발하였다. 이 위염은 만성이 되어 약 30년 이상 계속되다가 우연한 기회에 새로운 방법으로 치료하게 되었다.

위염의 증상인 항상 체한 것 같고, 복부 팽만감, 더부룩함, 트림이 계속 나오며, 가끔 속 쓰림, 신물도 넘어오고 그래서 항상 겔포스를 가지고 다녀야 했다. 위염이 오래 지속되다 보니 얼굴은 하얀 종잇장같이 창백하고, 영양공급이 부족한 머리에서는 항상 비듬이 떨어져 나와 어깨를 잘 털어야 했다.

위염의 영향으로 45세 안경광학과 학생일 때 이미 머리는 온통 백발이었고 강의를 듣기 위해 복도를 걸어가면 학생들이 나를 교수로 알고 목례를 하곤 했다. 견학 가면 산업체에서는 내가 교수인 줄로 알고 상석으로 안내하는 일도 있었다. 안경업을 하면서 고객을 상대하다 보니 머리 염색을 하고 있지만, 학교 다닐 때는 염색을 하지 않았다.

중고생 때부터 일꾼들과 함께 일하고 식사하다 보니, 많은 양의 밥을 먹어 위가 늘어나 위하수체의 원인이 되었다. 옛날 사기 밥그릇은 무척 컸는데 그 밥그릇 위까지 가득 쌓아주는 고봉밥을 먹어 위가 늘어난 후 원상 복구되지 않아 위염이 계속되었던 것으로 생각한다. 고봉밥의 양은 햇반 기준으로 5~6개 분량이 될 것이다.

고등학교를 졸업하고 인하대 전자과에 지원했다가 낙방했다. 서울에 거처할 곳이 없을 때는 이모 집과 고모 집에서 며칠씩 지냈는데, 이모 고모 모두 어려운 살림을 하고 계시고 방도 부족하여 독서실 생활을 선택했다.

서울 대성학원에서 1년간 재수 생활을 했는데, 잠은 독서실에서 자고 식사는 음식점에서 사 먹었다. 학교에서 배웠던 방식과 학원의 강의는 확연히 달랐다. 예를 들어 어떠한 공식이 나오면 학교에서는 암기식으로 공부했는데, 학원에서는 그 배경과 원리를 설명해 주니 암기하지 않아도 자연적으로 습득되었다. 공식이 생각나지 않을 때는 그 원리를 떠올리면 공식이 생각나곤 했다. 1년만 더 재수하면 서울대도 갈 수 있을 것 같았다. 그렇지만 평소 위염이 있는데, 공부한다고 신경 쓰고, 독서실 탁한 공기 속에서 생활하다 보니 건강이 더욱 나빠지는 것 같았다.

연세대학교 요업과 졸업식. 어머니와 형제들

연세대 요업과에 입학한 후 방학 때는 시골에서 농사일 돕다가, 서울로 올라오면 차량에서 나오는 매연과 가정집에서 난방용으로 때는 연탄에서 나오는 연탄가스 등으로 편도선이 자주 부었다. 한 번 붓기 시작하면 1주일에서 2주일까지도 열이 나고 말하기도 힘들고 음식 삼키기도 힘들었다.

매번 반복되는 편도선염으로 고생해서 세브란스에서 편도선 제거 수술을 받았다. 귀가해도 된다고 해서 휘경동 자취방으로 돌아와 냉찜질하고 있는데, 목으로 침 같은 것이 계속 넘어가 이상하게 생각되어 곧바로 병원으로 갔더니 담당 의사가 깜짝 놀라면서 곧바로 출혈을 멈추게 하는 재수술을 했다. 마취할 시간도 없을 만큼 상황이 급해서 바로 재수술에 들어갔는데 목이 찢어지는 듯 아팠다.

수술 마취가 풀린 후 3시간 만에 지혈이 안 되는 느낌을 받고, 휘경동에서 연세대까지 버스로 거의 1시간 걸려 왔으니 4시간 동안 출혈이 계속된 것이다. 그날 오후 설사 느낌의 변을 보는데 아주 까맣고 묽은 걸 보니, 출혈이 상당했었던 것으로 보인다.

두산유리를 사직하고 45세쯤에 이명이 시작되었다. 이비인후과에서 정밀검사를 해보니, 6,000Hz 주파수대를 듣지 못하였다. 청각세포가 손상되어 방법이 없다는 진단을 받았다. 문진할 때 소음 많은 산업체에서 근무했는지를 묻더니, 직장에서 소음에 노출되어 청각세포가 손상된 것으로 보인다고 했다. 이명은 아직도 계속되고 있어, 일반적인 대화가 약간 어려울 정도이다. 잠자는 시간 외에는 매미가 우는 소리 정도의 이명이 계속되고 있어, 여름철이 아니어도 항상 매미 우는 소리를 들으며 지낸다.

이명 치료가 불가능하여 포기하고 있다가 아내가 어느 유명한 한의원에서 이명을 고친다고 추천을 해주어서 내방하여 진단을 받았다. 한의사는 열화상카메라를 찍어 몸 전체의 균형을 살펴보더니, 턱관절에 문제가 있다고 했다. 치과에 가서 턱관절 치료할 것을 추천했고, 그 한의사는 침을 놓는 치료를 시작했다.

턱관절은 귀와 가까운 위치에 있기 때문에 청신경을 압박할 가능성이 매우 높다고 한다. 그래서 턱관절 불균형 환자가 청신경의 기능과 관계된 이명이나 어지러움, 귀의 가려움과 통증 등을 잘 느끼게 된다는 것이다. 턱관절 장애는 소화불량, 두통, 어깨통증, 강직 척추염, 부정교합, 불임의 원인이 될 수도 있다.

치과에 가서 X-ray를 찍어보니 왼쪽 아래턱의 반달형 뼈가 완전히 닳아 없어져 평평하게 되어 있었다. 아래턱의 반달형의 뼈가 위턱에 끼워져 있어야 음식을 먹거나 말을 할 때 턱관절이 자연스럽게 움직이게 되어 있는데, 뼈가 닳아 없어져서 턱관절이 앞, 뒤, 옆으로 제멋대로 움직이는 것이었다.

턱관절의 반달형 뼈는 문에 달린 경첩과 같은 작용을 하는데, 한쪽 경첩이 빠져 있어 문을 여닫는 기능이 고장 난 상태와 같다. 음식을 먹을 때 딱딱 소리가 나거나 하품하면 턱이 빠져버리는 느낌도 있고, 입을 닫으면 비대칭이 되었다. 뼈가 닳아 없어진 부분의 기능을 살리기 위해 아랫니에 스프린트를 해 넣은 뒤로 식사도 편하게 할 수 있게 되었다.

이명은 잠깐 사라지는 듯했으나, 20년 넘게 여전히 진행형이다. 뼈가 닳아 없어진 이유가 궁금했다. 선천적인 것이 아니라면 평소에 이를 악무는 습관이 수십 년 지속되거나, 턱을 손으로 고이는 행동도 턱관절 손상의 원인이 되고, 딱딱한 것을 많이 씹어도 이상이 생길 수 있단다. 공군 236기로 훈련받을 때 보초서면서 졸지 않기 위해 밤새워 껌을 씹었는데 그때 턱관절이 얼얼했던 것이 턱관절 손상 시점이었고, 무엇보다 항상 긴장 속에서 강하게 살아야 한다는 생각에 평소에도 이를 악무는 습관이 치명적으로 뼈를 닳아 없어지게 했다.

턱관절 이상으로 알게 된 것은 지금까지 살아오면서 건강에 가장 실수한 부분은 치아 관리라는 것이었다. 내 치아는 튼튼하여 충치가 전혀 없어서 문제가 된 적이 없었다. 그래서 치과에 거의 가지 않았는데, 치석이 끼는 것을 알지 못해 잇몸에 염증이 생겨 붓고 곪기를 반복했다. 치석을 제거하였지만 근본적인 치료를 하지 않고 임시방편으로만 치료하였던 것이 화근이었다. 40대부터 조금씩 시작된 치주염은 60세 초반에 와서 최고조로 악화하여 건강을 크게 잃어버렸다.

턱관절 기능을 돕기 위한 스프린트를 24시간 착용하는데, 이 장치가 치석이 끼게 하는 큰 원인 중의 하나였다. 모든 이빨 속에 치석이 몇 개씩 들어있었다. 작은 치석 하나에도 세균이 1억 마리가 산다고 한다. 겉으로 보기엔 치석이 없어 보였으나, 치주 깊은 곳에 치석들이 자리 잡아서 계속 잇몸을 상하게 하고 염증 수치를 높여서 각종 질병을 일으켰다.

대표적인 질병은 심장이 불규칙하게 뛰는 부정맥이었다. 머리는 백발에다가 탈모가 많아지기 시작했고, 머릿속에는 뾰루지가 자주 나고, 불면증, 관자놀이의 통증, 눈에는 비문증, 입에는 지속해서 욕창성 궤양과 수포성 발진이 발생하여 식사와 말하기가 불편하고, 구취가 나고, 위 염증, 잇몸은 화농과 출혈을 반복하고, 피부는 특정 음식에 두드러기가 생겨서 항상 항히스타민제를 휴대해야 했다. 나중에 알게 된 일이지만 인공조미료(MSG)를 넣은 음식을 먹으면 알레르기가 생겼다. 뜻하지 않게 음식점에서 사용하는 양념이 천연인지 인공조미료인지를 알아내는 판별자가 되었다.

지금은 천연인지 인공조미료인지 구별할 수가 없을 정도로 치료되었다. 식사 후에는 심하게 춘곤증 같은 증상으로 졸리고, 어깨 결림, 오십견으로 팔을 들어올리기가 힘들고, 허리 통증으로 앉고 일어서기도 힘들고, 귀의 이명은 오래전부터 있던 증상이었지만, 어지럼증이 동반되고, 부정맥이 오기 전부터 명치가 답답하거나 심장 쪽 옆구리에서 맥박이 뛰고, 단백뇨가 나오며, 전립선비대증으로 소변을 시원하게 해결하지 못하고, 성 기능도 저하되고, 치질이 생기고, 변비도 심해져서 3일에 한 번 어쩌다가는 5일에 한 번 대변을 보는 일이 다반사였고, 변이 뭉쳐서 화장실 변기를 막아 뚫어야 하는 고생도 많이 하고, 감기도 잘 걸리는 등 지금 글 쓰면서 과거를 회상해 보니 내 몸은 종합병원이었다.

노화가 오는 과정에서 치주질환을 제때 치료하지 못한 것이 결정적인 이유였다고 생각한다. 오랫동안 치석으로 염증을 일으킨 것을 계산해 보았다. 작은 치석 하나에는 1억 마리가, 큰 것에는 최소 3억에서 5억 마리의 세균이 살았을 것으로 생각한다. 28개 치아 모두에 각각 최소 3~5개 치석이 있으니 이를 환산해 보면 100~200억 마리의 세균들이 살고 있는 셈이었다. 이 세균들과 백혈구의 싸움에서 백혈구가 지면 그 염증과 세균이 피를 통해서 온몸으로 돌아다니다가 침범당한 곳의 기능은 망가지거나 성능이 약해져 질병들이 우후죽순처럼 발생하였다.

치주염은 4번에 나누어 마취하고 치석을 제거했다. 염증으로 인하여 잇몸뼈 대부분이 녹아 신경이 드러난 상태라서 차가운 것이나 뜨거운 것을 먹을 때는 이에 통증이 있고, 잇몸뼈가 심하게 녹아 없어져 흔들거리는 치아 4개는 발치하였다. 윗니 3개는 임플란트를 하고 아랫니 한 개는 스프린트(교합안정장치)가 있어 비워두기로 했다.

치료 후 치아 관리는 철저히 하고 있는데, 여기서 잘못되면 모든 치아를 상실하게 되니까 마지막 기회라 생각하고 주의하고 있다. 음식을 섭취한 후 잇몸 사이가 넓어서 이쑤시개로 1차 제거하고, 제일 굵은 치간 칫솔로 2차 제거하고, 칫솔로 양치한 후, 워터젯으로 구석구석 음식물 찌꺼기를 제거하는 것으로 마무리한다. 치아 관리를 잘하다 보니 염증 수치도 내려가고 각종 질병도 차츰 안정적으로 관리되기 시작했다.

이 모든 질병을 대부분 자가 치료로 다스리고 있다. 부정맥은 70% 정도 치료되어 정상적인 맥박으로 오는 시간이 많아졌고, 이명은 치료되지는 않았지만, 가끔 증상이 좋아지고, 허리 통증도 90%는 해결되었다. 술을 과음하면 건강에 해롭다. 2023년 2월 친구들 모임에서 젊었을 때처럼 과음을 했다. 70대 나이에서는 치사량에 해당하는 양이었다. 폭음의 결과는 뜻밖에 부정맥을 더욱 악화시켰다. 그동안 관리를 잘해왔던 부정맥이 처음 발병했을 때보다 더 나빠졌다. 이제는 병원에서 치료해야 할 처지가 되었다.

내 몸의 주치의는 사혈

자가 치료한 방법은 심천사혈이라는 대체의학으로 약 20년 동안 이 방법으로 치료하고 있고, 앞으로도 계속할 예정이다. 두산유리 퇴직사원들 골프 모임에서 윤 사부님의 조언으로 시작한 사혈이 내 몸의 주치의가 되었다. 사혈을 해보라고 조언해 준 윤 사부님께 늘 감사드리는데, 모임이 해체된 후 자주 연락드리지 못해서 죄송할 따름이다.

지금까지 내 몸에서 죽은 피를 뽑아낸 양을 계산해 보면 2리터 병으로 30개 정도는 된다. 처음으로 치료한 것은 30년 이상 계속되어온 만성위염이었고, 그 뒤로 허리 통증과 측만증, 오십견, 팔목, 목 결림, 두통, 고관절통, 요통, 변비, 치질, 백내장 예방 및 비문증의 악화 방지, 가슴의 맥박이 뛰는 현상, 입안 궤양, 각종 알레르기 등 거의 모든 것에 대해 치료하고 있다.

계속 치료하고 있는데 고칠 곳이 새롭게 생겨도 혈액이 만들어지는 양을 계산하여 피를 빼야 한다. 즉, 피가 만들어지는 양보다 많이 사혈하면 안 된다. 조혈되는 만큼이 아니라, 적혈구의 수명이 다해서 자연적으로 감소하는 양도 계산해서 빼야 하므로 불요불급한 무좀 같은 것은 치료를 계속 미루고 있다.

내가 사혈을 처음 접할 때는 사혈 붐이 일어나서 사혈 배우는 곳이 도시마다 구마다 있었다. 그러던 중 방송에서 사혈의 문제점을 다뤘다. 신부전 환자는 치료되지 않았고, 심장에 문제가 있는 사람이 과다 사혈로 사망한 것이 문제가 되었다. 일부 치료 효과가 있는 것은 인정하였으나 치매, 간질, 중풍 등을 치료할 수 있다고 과대광고한 점과 의료법 위반으로 2011년 대법원판결로 유죄가 확정되었다.

각 개인의 건강 상태가 모두 다르고 앓고 있는 병의 증상이 모두 다른데 중증인 질병이 사혈 한 가지 방법으로 치료되기를 기대하는 것 자체가 모순이라고 생각한다. 사혈의 원리와 효과를 이해한다면 이론적으로는 중증이라도 완치할 수 있는데, 치료하는 데 아주 오랜 시간이 필요하고 그동안 조혈 기능이 뒷받침되어야 하므로 단기간에 치료되기를 기대할 수는 없다. 그러나 간단한 병들은 사혈 한 가지 방법만으로도 잘 치료할 수 있다고 생각하고 실제로도 치료했으니 그 효과를 부정할 수가 없다.

위나 장의 치료법은 그 장기의 주변부에 있는 죽은 피를 제거하여 혈액 운반이 잘되게 하는 것이다. 막힌 길이 뚫리니 영양과 산소의 공급이 원활해져서 저하된 기능이나 손상된 세포들이 복원된다. 직접 치료가 아니고 간접 치료인 셈이다. 따라서 효과도 천천히 나타나고 한두 번으로 안 될 때가 많다.

현대의학은 절대적으로 중요하다. 인간의 수명이 늘어난 것은 의학의 발전과 밀접한 관계가 있다. 그렇지만 현대의학으로도 해결하지 못하는 것도 있고 오진도 있다. 나라마다 전통적으로 내려온 대체요법과 대체의학으로는 한의학, 중의학, 티베트의학, 이슬람의학 등등이 있다. 자연치유, 정신치료(신앙, 기도), 명상, 아로마, 춤, 미술, 음악, 원예, 허브, 식이요법, 봉침, 마사지, 요가, 기공, 전자기 응용치료 등도 치료 효과가 있다.

20년 이상 사혈을 해온 경험으로 보아 현대의학과 대체의학이 협업한다면 치료 효과도 배가 될 것이고 환자들의 선택폭도 넓어지고 고통도 많이 줄어들 것으로 생각된다. 현대의학은 질병을 치료하기 위해 세균, 곰팡이, 박테리아, 바이러스 등을 관찰, 분석, 제거, 때로는 대체하여 치료의 역량을 높여왔다. 요즈음은 질병의 원인이 되는 물질과 과정을 찾아 예방하거나 초기에 제거하고, 유전자 가위를 쓰기도 한다. 예를 들어 치매를 일으키는 단백질을 찾아 그 단백질이 생기지 않도록 하는 것이다. 얼마 전까지만 해도 뇌세포는 재생이 안 된다고 했지만, 최근에는 뇌세포도 재생된다는 것이 밝혀졌다. 사혈은 찌꺼기 피를 제거함으로써 영양과 산소를 공급받은 세포의 기능이 살아나 병이 치료된다는 것이 주 개념이다.

나는 객관적인 관점에서 보았을 때 사혈을 꼭 해야 한다고 생각한다. 사람은 20세까지 성장하고, 그 뒤는 유지하다가 40세부터는 노화가 오기 시작하는데, 오래 사용한 각 장기에는 노폐물이 쌓이므로 기능이 떨어진다. 눈물, 콧물, 호흡, 땀, 피부, 대변, 소변으로 몸 안의 노폐물을 배출하지만, 신장 기능이 약해지면 요산이 생기고, 간 기능이 떨어지면 독을 해독하지 못해서 노폐물을 몸 밖으로 배출하지 못하게 되어 모세혈관에 차츰 쌓이게 된다.

음식으로 섭취되는 각종 중금속, 미세먼지, 황사, 각종 미세플라스틱, 비닐 소재, 자동차 매연, 마모된 타이어, 화학물질, 방부제, 제초제, 살충제, 벤젠, 톨루엔, 다이옥신 같은 여러 화학물질, 제대로 제거되지 않은 죽은 세포, 백혈구나 대식세포의 찌꺼기, 과음, 과식, 술, 담배, 공해, 환경호르몬, 약물남용, 항생제, 각종 식품첨가제, 스트레스, 타박상, 동상, 과도한 운동 등으로 생긴 노폐물들이 몸 곳곳에 남게 된다.

최근 종이컵에서 미세플라스틱이 검출되는 것을 관찰했는데, 종이컵에 100℃ 물을 담으면 안에 코팅된 폴리에틸렌에서 약 5조 개, 20℃ 물에서는 약 2조 개의 미세플라스틱이 녹아 나온다고 한다. 대부분 소변으로 배출되나 일부분은 몸 안에 남게 된다.

노폐물들은 요산과 함께 변형된 단백질을 만드는데, 치매, 알츠하이머, 통풍 등등의 원인이 되고, 암이 자라나는 환경을 조성하기도 한다. 이러한 노폐물을 제거하는 데에는 수술하는 법, 약물로 녹여내는 법, 물리적인 치료, 단식이나 음식이나 보조제로 내보내는 것, 사혈로 제거하는 법 등등이 있는데, 사혈이 가장 간단하면서 부작용도 없다고 생각한다.

먹이사슬의 순환구조 균형이 깨져 녹조와 적조가 발생한다. 질소와 인이 많이 들어있는 농업용 비료와 가축의 분뇨가 하천이나 강에 유입되었을 때 유속이 느리고 기온이 25도 이상으로 올라가면 녹조류 식물성

플랑크톤이 증가한다. 많은 양의 녹조류는 수면을 덮어 산소를 차단하고 독성을 배출한다. 해결책은 녹조를 제거하는 장치를 만들거나, 근본 원인이 되는 비료 사용을 줄이고 가축분뇨를 정화해야 한다. 또 다른 해결책으로는 물의 유속을 높이면 된다. 유속이 높아지면 녹조는 사라지나, 바다로 흘러 들어간 영양분들은 인근 연안에 정체되어서 적조를 만들어 양식장에 피해를 준다. 이와 같은 이치는 혈액의 흐름과 비슷하다. 피가 잘 흐르지 못하면 녹조와 적조 같은 현상이 발생하는데, 사혈은 이것을 제거하는 손쉬운 방법의 하나이다.

건강해지려면 오장육부가 제 기능을 하여야 한다. 오장은 간장(간), 폐장(허파), 심장(염통), 비장(지라), 신장(콩팥)이고 육부는 담(쓸게), 위(밥통), 소장(작은창자), 대장(큰창자), 방광(오줌통), 삼초(목-횡경막, 횡격막-배꼽, 배꼽-항문)인데 오장육부가 유기적으로 순환과 대사가 되어야 한다.

사람의 면역력은 소장과 대장에서 살고 있는 세균에 의해서 거의 결정된다. 유익균이어야 하고, 종류도 다양해야 하고, 세균이 건강해야 면역력도 좋아진다. 장에 사는 세균은 700~1,500종류이고, 숫자로는 약 100조에 달하는데 장내세균에 따라 면역력이 결정된다. 사람의 세포 수는 약 50~100조이고, 사람 몸에 살고 있는 미생물 수는 약 150~300조라고 하니 사람 몸이 아니고 미생물의 몸이라 해도 과언이 아니다.

심장은 제2의 뇌이다. 심(心) 자가 마음 심으로 마음의 장기인 셈이다.

살해당한 사람의 심장을 이식받은 사람이 살해했던 사람의 몽타주를 그려서 범인을 잡은 사건이 있었다. 살해된 사람이 살해범의 얼굴을 심장이 기억했다가, 이식받은 사람의 뇌에 나타난 것이었다. 이 외에도 이식해준 사람의 취미, 성격, 적성 등도 나타난다고 한다. 뇌만 기억한다는 상식을 바꾸는 사건이다.

이처럼 우리 몸의 각 기관과 자율신경계, 호르몬은 상호작용으로 협조하거나 제어하면서 균형을 유지해서 항상성을 유지하고 있다.

음식은 보약이면서 치료제이다

잘 먹고, 잘 자고, 잘 싼다. 잘 먹는다는 것은 꼭 비싸고 귀한 음식을 먹는 것이 아니고, 골고루 먹는 것이다. 모든 식물은 동물이 먹지 못하게 각기 다른 독을 가지고 있다. 대표적으로 지구상에 출현한 지 2억 년 이상 된 은행나무는 어떠한 환경에서도 살아 버티어서 암수로 구분할 정도로 진화했고, 잎은 공해나 어떤 벌레도 공격하지 못하는 독을 가지고 있다. 열매 역시 자손을 번식시키기 위해 악취를 내서 동물들의 접근을 막고 껍질에도 독이 있어 먹을 수 없도록 했는데, 인간만 은행을 요리해서 먹을 수가 있다. 볶거나 삶으면 독이 어느 정도 제거되지만 한 번에 많이 먹으면 사망할 수도 있다. 어린이는 한 알 정도, 어른은 대여섯 개가 적당하다고 한다.

독이 별로 없는 식물들은 동물들의 먹이로 전락하지만, 인간만이 독이 있는 각종 식물도 정제하거나 가공하여 먹을 수 있다. 골고루 잘 먹는 조건은 간 기능이나 신장이 정상적인 사람에 해당한다. 간 기능에 이상이 있을 때는 날것, 상한 음식, 튀긴 음식, 독이 있는 식품을 조심해야 한다. 체질에 따라 육류를 제한한다든지 섭취를 조절해야 하는 식품들도 있다.

신부전이 있는 사람은 염분, 단백질, 칼륨과 인, 이뇨 작용이 있는 식품 등은 의사와 협의하여 섭취해야 한다. 당뇨병이 있는 사람도 골고루 먹는 식단을 잘 검토해야 한다.

사람이 음식의 맛을 느끼는데 혀가 5가지를 구별하고, 후각과 동조하면 12가지의 맛을 느낄 수 있다. 단맛, 쓴맛, 신맛, 짠맛, 매운맛, 떫은맛, 감칠맛(고소한 맛), 지방맛(느끼한 맛), 담백한 맛, 비린 맛, 아린 맛, 구수하고 시원한 맛으로 구분할 수 있다.

각각의 맛은 고유의 성질을 갖고 있다.

1. 단맛은 탄수화물로 곡식에 있고 영양소를 담당한다.

2. 쓴맛은 다양한 유기질류와 무기질류로 지방과 단백질 분해를 도우며, 독이 가장 많다. 인삼, 도라지, 더덕, 우엉, 고들빼기, 민들레, 머위, 쑥, 동물의 쓸개, 익모초, 맥주, 커피, 초콜릿, 취나물, 여주, 치커리, 상추 등에 있다. 특히 간 기능에 이상이 있는 사람은 독이 많은 쓴맛은 잘 고려하여 섭취하거나 식용하지 말아야 한다.

3. 신맛은 산도가 있어 살균과 정화 효과가 있고 피로회복에 도움을 주며 식초, 레몬, 자몽, 라임, 김치, 매실청, 과일류 등에 있다.

4. 짠맛은 전해질을 감지하며 노폐물 제거와 세포의 형성과 조혈을 돕

고 소금과 해조류에 있다. 혈액, 림프액, 조직액, 눈물, 땀, 침 등등 체액의 염분 농도는 0.9%이다. 바닷물의 염분 농도는 평균적으로 3.5%이다. 눈에 수돗물이나 바닷물이 들어가면 따가운 것은 염도가 맞지 않아서이다. 2차 세계대전 시 부상자를 수술할 때 혈액이 부족하면 생리식염수(염분 0.9%)로 대체하여 수혈하기도 했다. 요즈음 식단에서 저염식을 강조하는데 염분을 기준치 이하로 줄이면, 몸이 산성화 되어 각종 질병에 취약해지고 세균이 활동하기 좋아진다. 저염식을 계속하면 나트륨이 부족해져서 폐해가 더 많아진다. 고염식의 폐해도 많으니 기준치로 먹는 것이 중요하다.

2023년 1월 11일 세브란스 연구팀이 14만 명을 대상으로 10년간 추적한 결과, 짜게 먹어도 건강에 이상이 없다고 발표했다. 체액과 같은 염분의 농도로 음식의 간을 맞추는 것이 좋은 식단이다. 그러나 체질적으로 땀을 많이 흘리는 사람이나 더운 환경에서 일하는 사람은 땀 흘리는 양만큼의 염분을 반드시 보충해야 한다.

일반적인 한 끼 식사를 기준으로 하면 공깃밥 200g(수분이 120cc), 국 250cc, 물 150cc 그 외 반찬류에 들어있는 수분의 양을 계산하면 120+250+150+α=520cc+α의 수분을 섭취하게 된다. 따라서 염분의 양은 520cc×0.9%=4.68g이 된다. 한 수저의 소금은 15g이기 때문에 5g이라면 1/3 스푼이 된다. 식사량이 2배가 되면 10g의 소금을 섭취해야 한다. 식사 이외로 커피나 음료 과일 물을 마시게 되니 기준치보다 약간 많게 섭취하는 것이 이상적이다. 셰프나 요리 프로그램 진행자가 추천하는 음식의 간이면 충분한 염분이다.

5. 매운맛은 미각이 아니라 혀와 피부에 있는 온도 수용체로 느끼는 자극인데 아드레날린 분비를 촉진하여 다이어트에 도움이 된다. 고추, 부추, 후추, 고추냉이에 있다.

6. 떫은맛은 철이나 구리 등에서도 나는데 감, 포도, 바나나, 도토리, 모과, 밤 등에 있고 익으면 떫은맛은 없어지나 탄닌 성분이 있어 해독, 살균, 지혈을 한다.

7. 감칠맛은 육류에 해당한다.

8. 지방 맛은 지방을 감지하며 치즈, 크림, 각종 식용유 등에 있다.

9. 담백한 맛은 영양소와 기를 높여주며 육류와 생선류에 있다.

10. 비린 맛은 해독과 요산 작용을 돕고 생선류와 콩류에 많은데 특히 등푸른생선에서 비린 맛이 난다.

11. 아린 맛은 면역, 살균작용, 통증 감소 효과가 있고 마늘, 파, 양파에 있다.

12. 구수하고 시원한 맛은 심리적인 안정감과 포만감을 느끼게 하고 누룽지, 율무, 무, 미역 등에 있다.

여러 식재료의 색상별(빨강, 보라, 노랑, 녹색, 흰색, 검은색)로, 또 맛 종류별로 조화롭게 먹으면 모든 병의 사전 예방과 치료의 시작이 되고 건강식이 되는 것이다.

공기가 없으면 5분을 살지 못하고, 물이 없으면 10일을 살지 못하고, 음식이 없으면 1달을 살지 못한다. 잘 자고 잘 싸기 위해서는 대인관계,

사회적 환경, 신체 환경 등이 적정히 균형을 이루어야 한다.

유럽인들이 좋아하는 청어를 바다에서 잡아서 항구로 오는 도중에 성질이 급한 청어가 모두 죽었다. 활어로 팔면 비싸게 팔 수 있으므로 살려서 가져오는 것이 숙제였다. 여러 가지 방법을 썼지만 모두 실패했다. 생각 끝에 청어의 천적인 바다메기 한 마리를 수조에 넣어 두자 청어들이 살기 위해 바다메기를 피해 도망다니다 보니 한두 마리만 잡아먹히고 나머지는 모두 살았다.

이처럼 적절한 스트레스는 몸의 모든 세포를 긴장시켜 더 건강하게 하는 효과가 있다. 지상낙원을 만들어 걱정 없고 스트레스 없고 병 없는 곳에서 살면 더 건강할 것이라는 믿음은 환상일 뿐이다. 적절한 스트레스가 있고, 사소한 걱정거리가 있어야 더욱 건강한 것이다.

10대에 성장해서 20대에 치장과 꽃단장을 하고, 30세부터는 화장을 하고, 40세에는 분장을 하고, 50세 변장, 60세 위장, 70세 포장, 80세 도장하거나 미장, 90세 환장하다가 100세에 송장이 된다. 건강을 잘 유지하면, 나이에 따른 미인 공식이 어느 정도 맞지만, 건강을 잘 챙기지 못하면 70세에도 송장이 될 수 있다.

반면 남자는 직장에 들어가 조장, 반장, 계장, 과장, 차장, 부장, 사장, 회장, 나라를 지키는 병장, 경장, 준장, 소장, 중장, 대장, 총장, 이장, 통장, 동장, 시장, 교장, 학장, 직업별로 기장, 선장, 점장, 관장, 소장, 서장, 원장, 실장, 행장, 의장 등과 ~사, ~자 직업을 거쳐서 가장 끝으로 가장(家長)으로 남는다.

제5장

압축성장하는 사회에서 부의 형성과정

쥐

대들보로 키워진 아버지

고조부님은 세 아들을 두셨는데, 둘째인 우리 증조부님이 모셨다. 부모를 잘 봉양하신 덕분에 그 대가로 논 7,500㎡(2,273평, 38마지기)와 밭 1,400㎡(424평, 7마지기)를 유산으로 물려받았다. 그 보답으로 제사도 정성껏 지내셨다. 물려받은 재산은 12식구가 먹고 쓰는 수준이었다.

할아버지는 아버지를 대전에 있는 일본 공업학교에 보냈고 아버지는 14세에 졸업하셨다. 할아버지와 할머니는 아버지 학비를 마련하려고 낮에는 각종 농사일을 하고, 밤에는 매일 밤새우다시피 가마니를 짜고, 새끼를 꼬아 팔았는데, 얼마나 고단했는지 걸어 다니면서 부족한 잠을 잤다고 하셨다. 나도 어렸을 때 새끼도 꼬고 가마니 짜는 틀에 지푸라기를 넣어주는 일도 했었다.

아버지가 공업학교를 졸업하고 집에 있으니까, 할아버지는 나가서 돈 벌어오라고 하시면서 지게 작대기로 때리고 쫓아내서 공사판에서 일하셨다. 어린 나이에도 일을 야무지게 하는 것을 본 감독자의 눈에 들어 차

층 직급이 올라서 20세 전에는 십장이 되어 전체 인부들을 관리하는 일까지 하게 되었다.

아버지는 인물도 풍채도 좋으신 데다 언변도 무척 좋아서 각종 웅변대회에서도 두각을 나타내셨다. 군산에 동산학원이 개원하면서 정찬홍 이사장이 아버지를 역사 교사로 채용해서 정년 때까지 42년간 교직에 계시다가 교장으로 퇴임하셨다.

교장으로 계실 때부터 결혼하는 제자들의 주례 요청이 많았다. 퇴임 후에는 예식장의 전속 주례자로 계약되어 주례를 구하지 못하거나, 주례에 문제가 생긴 신랑 신부를 위해 주례서는 일, 제자들의 결혼식, 친척 가족의 결혼식 등등 주말이나 공휴일에는 주례를 서는 일이 일과였다. 많게는 하루에 5건의 주례를 하고, 적어도 2~3건은 매주 기본으로 주례를 하셨다. 다른 예식장에서 예식이 있을 때는 동생들이 항상 대기하고 있어야 했다. 주례 숫자를 합산한다면 아마 기네스북에 등재할 만한 기록이 될 것이다. 그 외로 국토통일원 강사, 민방위 강사, 노인대학 학장 등으로 열심히 사셨다.

아버지는 어렵게 살아온 경험이 너무 큰 상처로 남아 매우 검소하게 사셨다. 위급한 상황이 아니면 택시도 절대로 타지 않으셨다. 나는 아버지 살아 생전에 택시 타는 것을 본 적이 없었다. 화장지가 생산되어 모두 유용하게 사용했지만, 아버지는 화장지도 아까워서 대변을 보시고는 신문지를 비벼서 부드럽게 한 다음 닦아내셨고 치약은 정말 눈곱만큼 짜내시는 등 이루 말할 수 없이 절약에 절약하셨다.

왕복 25km 되는 출퇴근 거리를 자전거로 다니시고 다들 자가용을 살 때도 버스만 타고 다니셨다. 아버지의 근검절약과 어머니 헌신적인 농사일로 6남매 모두 사립대학까지 보낼 수 있었다. 아버지는 삼촌과 고모 3명을 전문대 이상까지 졸업하도록 지원했고, 고모 3명은 결혼까지 책임져야 했다. 14명의 가장으로 교육과 생계를 맡아야 했기 때문에 절약하며 살 수밖에 없으셨다.

어느 날 마음의 변화가 생기셨는지 중고 포니 자동차를 사셨는데 처음이자 마지막으로 산 그 자가용을 6개월간 소유하고 계셨다. 운전도 서

튀르키예(터키) 카파도키아

툰데다 비용도 들고 해서 전시용으로 집에만 있다가 내가 운전하겠다고 해서 받아왔다.

군산동산학원에는 제일초등학교, 중앙여중, 군산여상, 군산동중, 군산동고, 군산여자고등기술학교의 6개 사립학교가 있었다. 교직원들의 자녀들은 의무적으로 동산학원에 다녀야 했다. 학생 수가 많아야 정부 보조금을 한 푼이라도 더 받을 수 있기 때문이었다. 내 형제 6명 모두 동산학원의 중고등학교를 다녀서 교육비를 최소화할 수 있었다.

학교의 입학 인원이 늘어나면 선생과 학생이 모두 동원되어 교실을 지어가면서 수업 했다. 내가 고3 때도 교실을 3층으로 증축을 하기 위해

장가계

학생들이 동원되어 벽돌을 나르는데 3층에서 떨어진 벽돌이 1층에서 벽돌을 나르고 있던 동생 머리에 맞아 약 일주일간 혼수상태로 사경을 헤매기도 했다. 머리 중앙에 벽돌이 맞았더라면 사망했을 거라는 소견이 있었다. 오랫동안 병원에 있어야 했고, 사고 후유증으로 비 오려는 날이나 몸 상태가 안 좋을 때는 머리가 아파서 늦은 나이까지 고생하고 있다.

아버지가 받는 월급은 대부분 저축하여 논을 사고, 논농사를 확대하여 수익을 창출하셨다. 출가한 고모의 수입도 논을 매입하는 데 썼는데, 어머니가 위탁경영을 했고, 가장 많이 지을 때는 33,000㎡ 정도까지 되었었다. 많은 논을 경작하려니 일손이 부족하여 대학교 때 여름방학을 하면 집에 가서 농사일을 했다. 여름철이라 주로 경운기를 이용해서 농약 주는 일과 물관리를 담당했다.

아버지는 내가 결혼할 무렵부터 논농사를 줄이면서 주택사업을 시작하여 투잡을 뛰셨다. 과거 공사장에서 일한 경험을 바탕으로 전망이 좋은 곳에 땅을 구입하고 주택을 지어 분양도 하고, 경매로 나온 주택을 낙찰받아 고치고 손질하여 재판매했다. 나와 아내는 아버지가 경락받은 주택으로 이사해 살면서 관리하고 수리하여 파는 역할을 했다. 이런 식으로 우리 부부는 이사를 자주 해야 해서 6개월마다 1년마다 어느 때는 3개월마다 이삿짐을 풀지 않고 취사도구만 꺼내 놓고 나머지 살림살이는 라면 상자에 담아 둔 채로 지냈다. 그렇게 항상 대기상태로 몇 년간을 살았다.

어머니, 살해 위험에 노출되다

어머니가 암 치료를 하면서부터 농사일은 임대로 주기 시작했다. 마을 사람들에게 임대하다 보니 순번제 식으로 돌아가며 임대하였는데, 한 명이 불만을 품고 술만 마시면 욕을 하며 행패를 부리기 시작했다. 어느 날 어머니는 그 사람이 많이 취한 것을 보고 미리 피신했는데, 그 사람이 식칼을 가지고 집에 들어온 것을 보았다는 목격자가 있었다. 피신하지 않았더라면 큰일이 날 뻔했다. 그날 이후 어머니는 심한 스트레스를 받았고 무서워서 낮에도 혼자 있을 수 없어 다른 곳으로 피신하기도 하고, 문을 걸어 잠그기도 하셨단다.

아버지는 이러한 사태가 지속되었다가는 큰일이 일어날 것을 우려하여 적당한 기회를 보고 계셨다. 추석 명절에 형제들이 모두 모였을 때 사건의 전말을 전해 들은 우리는 내가 행동대장이 되어 앞장서서 행패를 부린 사람에게 갔다. 그 사람 친척들이 모두 모여 잔치를 하는 중이었다. 그 사람은 내 먼 친척이 되는 아저씨뻘인데, 그 사람의 얼굴을 보는 순간 눈이 돌아가고 절제하지 못할 정도로 흥분해서 멱살을 잡고 흔들며 어머니에게 한 만큼 심한 말과 행동으로 되갚았다. 한참 분풀이하는데 마을 사람들이 말려서 집으로 돌아왔다.

나에게도 싸움의 본능이 존재한다는 것을 알고 나 자신도 놀랐다. 정말 물불을 가리지 않고 분노가 폭발해 돌이킬 수 없는 큰 사고를 낼 것 같았다. 할머니께서 내가 교도소에 갈 운명이라고 하신 말이 떠올랐고 자칫하면 정말 그렇게 될 것 같았다. 그날 이후로 절대로 흥분하면 안 되겠다고 생각하고, 그런 상황을 만들지 않기로 다짐했다. 이 사건 후에 우리 집에 있는 모든 칼의 뾰족한 끝을 자르고 사용했다.

복수극이 성공적으로 마무리되어 그 뒤부터 그 아저씨의 행패는 없어졌고, 어머니도 마음 놓고 마을을 오고 갈 수 있게 되었다. 때로는 이에는 이, 눈에는 눈이 효과가 있다는 것을 실감했다.

보고 배운
절약 생활

대학교 다니는 동안 부엌 딸린 방 하나를 얻어서 동생과 함께 자취했다. 쌀은 시골에서 고속버스로 보내주면 동대문터미널에 시간 맞춰 나가 받아서 버스를 타고 자취하던 집으로 가져오곤 했는데, 어느 하루는 동대문사거리 대로 한가운데서 쌀자루를 묶은 보자기 끈이 풀리면서 쌀이 쏟아졌다. 주워 담을 때 창피하기도 하고 당황스럽기도 했는데 지나가던 아줌마들이 "아까워서 어쩌나!" 하면서 도와주었고 지나가던 차들도 잠시 정차해 주었다.

절약할 때는 모든 면에서 철저히 절약했다. 한 가지 예를 들자면, 1994년도에 리틀타익스를 하면서 배달용으로 휴대전화를 구입했다. 아내와 항상 같이 있거나 연락이 닿는 곳에 있어 휴대폰 하나로 생활했다. 사업을 정리하고 안경원을 개설한 후에도 수년간을 휴대폰 하나로 생활해서 친구나 주위 사람들로부터 부부애가 좋은 것인지, 별종인지 연구 대

계룡사 가족사진

상감이라는 말을 들었다. 그만큼 서로가 비밀이 없고 서로 신뢰할 수가 있어 휴대폰 하나로도 불편하지 않았으며, 통신비를 절약할 수 있었다.

내가 두산유리에 취직하고 나서 아버지는 내 결혼을 위해 면목동 고모집 근처에 집을 사두셨다. 아내는 아버지 학교에 교생실습 나갔다가 아버지 눈에 들었다. 아버지가 찾는 나의 신붓감 1위가 예쁘고 선생인 여자, 2위가 보통이고 선생인 여자, 3위 안 예뻐도 선생인 여자라고 할 정도로 교사 며느리를 원하셨는데, 신붓감 1위에다 똑똑하기까지 했으니 적극적으로 결혼을 시키려고 하셨다. 결혼하고 나서 아내는 나와 상의해서 교직을 사직했다. 그러나 아버지는 그 좋은 직업을 포기하였다고 오랜 기간 아내를 미워하셨다.

결혼해서 서울에 살 때 아파트 분양을 받은 사람들의 집값이 연일 오르는 것을 보고, 우리도 고덕아파트 단지에 청약해서 한 채를 분양받았다. 중도금을 납부하는 데 월급만으로는 부족해서 아내는 초등학교 학생 대상으로 미술과 산수 등 과외를 해서 부족한 중도금과 잔금을 보충했다. 입주할 즈음에 내가 군산으로 발령이 나서 나 대신 동생이 들어가 살았는데, 후일 아파트를 매각하고 그 매각금액은 아버지가 다른 곳에 투자하셨다.

1992년도 두산유리 군산공장에서 경기도 군포연구소로 발령이 났다. 군산을 정리하고 서울로 옮기려는데 군산 아파트 20평대 2채 값은 성남의 비슷한 크기의 아파트 전세금액과 비슷했다. 옛날이나 지금이나 지방과 서울의 집값은 여전히 차이가 크게 났다.

사랑스러운 아들딸. 초등학교를 5번이나 전학시킴

결혼하고 이래저래 15년 동안 이사 다닌 것이 13번이나 된다. 잦

미국 요세미티 가족사진

은 이사의 피해는 아들과 딸이 고스란히 받았다. 초등학교 때는 5번이나 전학했다. 아이들이 중학교 다닐 때는 리틀타익스를 하느라고 우리가 밤늦게까지 귀가하지 못해서 방과 후 생활과 저녁 식사 등을 부모 도움 없이 스스로 해결해야 했다. 감수성이 풍부한 나이에 탈선하지 않고 학교생활을 잘해준 것에 대해 아이들에게 고맙게 생각한다. 당시에는 아무런 생각이 없이 이사 다니고 장사했는데, 지금 생각해 보니 어린 나이에 학교가 자주 바뀌었으니 정서적으로 절대로 좋을 수가 없었으리라 싶다. 훗날 아들과 딸에게 듣기로는 또래들과 어울리지 못하고 집단 따돌림을 당해서 학교 가기가 싫었다고 했다. 지금도 아이들의 전학 다니던 일, 가장 아닌 가장 생활을 생각하면 미안하기 짝이 없다. 1997년 거여동으로 이사 온 뒤로는 24년째 한 곳에서 살고 있다.

사업 시작
그리고 또 다른 사업

회사생활 16년하고 퇴직금을 받아 아반떼와 무쏘를 샀다. 분당에서 리틀타익스를 할 때 배달에 필요해서 구입한 차였다. 리틀타익스 장난감으로 전 세계적으로 판매왕이 된 일을 두고 '사업은 타이밍이 중요하다'에서 소개한 적이 있는데, 크리스마스 며칠 전부터 장난감을 자녀들에게 줄 선물로 구매하려고 부모들이 줄을 서서 기다리다시피 했다. 회사가 대부분 늦게까지 근무하니까 "문 닫지 말고 기다려달라"고 전화가 와서 밤늦게까지 판매했으며, 특히 이브 날에는 새벽 2시까지 판매하고 배달하고 정리하면 새벽이 되었다. 1994년에 미끄럼틀 2~3천만 원짜리도 판매할 정도로 사업은 성공적이었다. 판매한 이익금은 수익률이 좋은 증권회사에 투자해 놓고 추후 집 사는 데 보탰다.

리틀타익스를 정리하고 3년 동안 준비한 안경원을 개설했다. 안경원은 동업자 3명이 8천만 원씩 출자하여 시작했으며, 6개월 후에 동업자 한 명이 이탈하고 2명이 현재까지 동업하고 있다. 28년째 운영하고 있으니 성공적이라고 할 수 있다.

2001년 9월 11일 미국에서 테러가 발생하였다. 미국에 대항하는 이슬람 과격 단체인 알카에다가 민항기 4대를 납치하여 뉴욕에 있는 세계무역센터 북쪽 타워에 충돌하고 17분 뒤에는 남쪽 타워에 충돌해서 110층짜리 쌍둥이 빌딩이 화재 발생 1시간 42분 만에 무너졌다. 세 번째 민항기는 미국 국방성 본부인 펜타곤 서쪽에 충돌하고, 나머지 한 대는 백악관이나 국회의사당을 목표로 하고 워싱턴DC로 향하다가 승객들이 테러범들을 제지하여 펜실베이니아주 들판에 추락했다. 이 테러로 2,977명이 사망하고 25,000명 이상이 부상하고 최소 100억 달러의 손실이 발생했다. 추가 테러 우려로 폐쇄조치, 대피, 행사취소 등 전 세계가 충격에 빠지면서 불황을 초래했다.

국내에서도 2002년에 도곡동 타워팰리스를 평당 9백만 원에 분양했는데, 9.11 테러 여파로 분양이 너무 부진하여 정부에서도 양도세를 한시적으로 면제해주는 획기적인 부양책도 썼다. 지금까지 양도세를 면제해 준 것은 그때가 처음이자 마지막이었다. 삼성 직원들에게는 강매도 했다. 부동산학과에 다니는 매제는 부동산을 보는 눈이 일반인과 달라서 타워팰리스가 전망이 좋으니 분양받으라고 적극적으로 제안했다.

내가 안경원을 하려고 장소를 물색했던 첫 번째 장소가 도곡동과 역삼동이었기에 항상 염두에 두었던 장소라서 타워팰리스를 분양받으면 무언가 이루어질 것 같은 느낌이 들었다. 이미 마천동에서 안경원을 열고 있던 때라 분양받을까 말까 망설이기도 하고, 제2의 안경원을 낼까도 생각해 보고 노후에 좀 편하게 살 곳으로 꼽아보기도 하는 등 여러 가지로 생각하다가 분양받기로 했다.

저축해 둔 금액과 살고 있던 집을 담보로 대출받아 분양받았다. 중도금은 집을 추가로 담보했고, 기타 부동산들을 담보로 해서 충당했는데 그러는 동안에도 부도날 것처럼 위태로운 상황이 계속되었다. 입주가 시작되면서부터 차츰 안정되다가 노무현 정권 중반 즈음에 부동산 경기가 좋아지면서 과열 양상이 보이자 시범케이스로 타워팰리스가 갑자기 부동산투기의 표적이 되어 분양받은 사람 전체가 세무조사를 받아 자금 출처를 입증해야 했다. 타워팰리스에 살아보니 마천동까지 교통도 복잡하고 필요할 때 오고 가기가 불편하여 거주는 포기하고, 전세로 놓고 그 전세금은 부동산투자신탁 개념으로 투자해 놓고 15년을 기다려서 판교의 상가를 받았다.

부동산과 달리 주식에 투자한 것은 모두 전패했다. 대학 선배가 증권회사에 있을 때 내가 지정해준 주식을 사지 않고, 임의로 유용하다가 오일쇼크가 와서 증권이 폭락하자 자취를 감추었다. 카드 결제 시스템의 특허가 나서 땅 짚고 헤엄치기로 생각한 주식은 더 개량된 특허가 나오자 그 회사 자체가 없어졌고, 자동차 부품회사의 주식도 가지고 있었는데 사업영역을 넓힌다고 자원개발을 하다가 부도가 나서 상장폐지가 되었다. 지인들이 추천하고 방송에 나와도 그 회사의 주식이 오를지 말지는 정말 귀신도 모르는 것이었다.

짧으면 짧고, 길면 길다고 할 수 있는 70년 내 인생은 변화무쌍하게 전개되어왔다. 15세기에는 전 세계 인구가 5억 명이었는데, 16세기부터 우량품종과 우량육종을 개발하고 과학적으로 농업으로 농업혁명이 일어나 21세기에는 80억 인구가 되었다. 18세기는 소비재와 경공업의 1차 산업혁명, 19세기 전기, 중화학공업의 2차 산업혁명, 20세기는 서비스산업의 3차 산업혁명, 21세기는 정보혁명, 인터넷, 인공지능의 4차 산업혁명으로 분류하는데 변화 속도가 너무 빨라서 22세기는 어떤 모습일지 모르겠다. 디지털 기술이 더욱 발달하여 가상 세계와 결합한 메타버스(Metaverse) 혁명의 시대가 오지 않을까? 어쩌면 우리가 지금 쓰고 있는 자서전도 먼 훗날에는 사람의 뇌를 스캔하고 그 사람이 사용했던 각종 SNS와 카톡 내용을 종합해서 AI(인공지능)가 쓰게 될지도 모른다.

제6장

홀인원 하면 3년간 재수가 좋다

2021년 한국에는 골프 인구 564만 명에 500개가 넘는 골프장이 있다. 과거보다 대중화되어 귀족 스포츠라는 오명은 면했다. 운동할 수 있는 성인으로만 계산한다면 거의 30%가 골프를 한다고 볼 수가 있다. 특히 코로나로 인하여 늘어난 골프 인구로 골프 관련 의류, 장비, 그린피, 캐디피, 카트비 등등 각종 비용이 많이 올랐고 예약에 대한 골프장 쪽의 횡포도 커졌다. 코로나가 감기같이 토착화된다면 골프장으로 쏠렸던 많은 인원이 해외로 나가고, 비용이 부담되는 사람들은 골프를 포기하게 될 것이다.

골프는
108의 집합체

골프는 전반 9홀과 후반 9홀로 총 18홀에 공을 넣는 경기이다. 일반적으로 18홀은 파3가 4개 홀, 파4가 10개 홀, 파5가 4개 홀로 기준 타수는 72타이다. 홀마다 골프공이 홀에 들어갈 때까지 친 타수를 기록하여 합산한 후, 숫자가 적은 사람이 우승하는 경기이다. 홀의 크기는 108mm이다. 불교에서 이야기하는 108번뇌와 같은 숫자이다. 염주의 숫자도 대부분 108개이다. 골프가 욕을 얻어먹는 이유도 108가지 정도 된다. 골프를 잘 못 하는 이유도 대략 108개 정도이다. 골프가 재미있는 이유도 108개 정도 된다. 골프 규칙은 대충 세어보아도 1,080개가 넘을 정도로 복잡해서 책으로 만들어 판매도 한다. 다른 운동경기의 규칙은 많아야 20개 수준이다. 선수가 한 경기 끝나고 다음 경기까지 108홀을 친다. (월요일 이동, 화요일 사전답사 18홀, 수요일 프로암대회 18홀, 목요일에서 일요일까지 경기로 각각 18홀)

정치인이나 공무원이나 사업가나 할 것 없이 어떠한 사건 사고와 관련되어 골프 했다면 곱절로 욕을 얻어먹는다. 정치적인 사건이나 로비에 등장하고, 갑이 많이 운동하는데 모범을 보이지 않아서, 공을 잘 치면 일 안 하고 공만 쳤다고 하고, 공을 못 치면 운동신경 없다고 하고, 인물 좋고 공 잘 치면 제비 같은 놈이라고 하고, 인물 나쁘고 공 못 치면 제대로 하는 것이 없는 놈이라고 하고, 비 올 때 쳐도, 날 좋을 때 쳐도, 돈 자랑한다고 등등 모두 열거하면 지겨울 만큼 정말 많다.

골프를 잘 못 하는 이유를 보면 허리가 아파서, 어깨가 아파서, 무릎이 아파서, 잠을 못 자서, 티샷하는데 시끄럽게 해서, 늦장 플레이로 열 받아서 등등 변명하는 이유도 아주 많다. 목사가 사기꾼과 골프 하는데, 사기꾼이 자꾸 사기를 치니까, 목사가 하나님에게 벌을 내려달라고 기도했다.

시그너스cc 봄

시그너스cc 여름

시그너스cc 가을

하나님이 번개로 내려쳤는데, 목사가 맞았다. “아니, 사기꾼에게 벌을 주시지 않고 제게 벌을 주시나이까?” 하나님이 변명하기를 “나도 요즈음 자꾸 슬라이스가 나서 골치가 아프다” 하나님에게도 골프가 어렵다는 것을 풍자하는 골프 유머이다.

골프는 자연 속에서 아름다운 풍경과 동반자들과 유쾌한 시간을 보내면서 재미있게 운동하는 것인데 이것을 자랑삼아 말하면 그만큼 욕을 얻어먹는다. 얼마나 재미있는 운동인지를 대변하는 유머가 있다. 목사가 주일 예배를 드리지 않고 골프를 치러 나갔다. 신자 한 명이 이를 알고 하나님에게 벌을 내려달라고 기도했다. 하나님은 벌로 목사가 홀인원을 하도록 했다. 이를 본 신자가 의아해서 물었다.

"어째서 벌을 안주고 홀인원을 시켜주었나이까?"

하나님 대답이 "목사가 일요일에 예배드리지 않고 골프 가서 홀인원을 했다고 누구에게도 말할 수 없지 않겠나. 평생 한 번 할까 말까 하는 홀인원을 자랑해야 하는데 자랑하지 못하고 끙끙 앓는 고통이 제일 큰 벌이니라."

일반인들이 18홀 운동을 하면 대략 80~100번 정도의 샷을 하는데 조건이 같은 샷이 한 번도 없고 매번 여건이 달라지기 때문에 어렵다.

첫째, 골프장이 같은 곳이 하나도 없고 모두 다르다. 매 홀의 크기와 모양과 난이도 등 모두 다르다. 골프장 잔디는 난지형인 한국 잔디 외 6종류가 있고, 한지형인 양잔디는 켄터키블루그래스 외 4종이 있고, 그린은 벤트그래스를 주로 사용한다. 그린은 잔디 깎는 길이와 롤러로 누르는 정도에 따라 그린스피드가 모두 다르다. 잔디 종류에 따라 샷도 약간씩 다르다. 잔디는 자라기 때문에 아침과 저녁의 길이가 다르고, 잔디를 깎는 길이와 깎는 주기에 따라 모두 다르다. 온도, 습도, 고도, 바람, 비, 모래를 뿌려 놓을 때 등 시시각각 변하는 것이 골프장이다.

둘째, 골프채는 14개를 쓰는데 골프채마다 제원이 수십 가지가 있다. 제조사들은 과학적으로 최적화된 골프채를 매년 새롭게 만들기 때문에 종류가 더욱 많아진다. 드라이버, 우드, 유틸리티, 아이언, 웻지, 퍼터로 되어 있고 모양도 모두 다르고 스윙도 약간씩 다르다. 골프채의 성능은 샤프트의 특성으로 결정되는데, 소재로는 스틸과 그라파이트가 있고 재질별로 강도, 토크, 무게, 길이, 킥포인트의 각각 수많은 제원이 있다. 자기 스윙 스피드에 맞는 것을 사용해야 하는데, 잘되던 채도 몸에 불편한 곳이 있으면 맞지 않게 된다.

셋째, 골프공의 종류도 코어의 숫자에 따라 2, 3, 4, 5피스 공이 있다. 코어의 재질에 따라 경도가 다른데, 경도가 100인 검은색 숫자의 공은 헤드스피드가 100마일 이상인 프로골퍼나 남자들이, 경도가 90인 빨간색 숫자의 공은 헤드스피드가 100마일 내외인 일반인 남자들이, 경도 80인 파란색 숫자의 공은 80~90마일의 헤드스피드를 가진 남자, 여성, 시니어들이, 경도 70인 초록색 숫자의 공은 80마일 내외의 헤드스피드를 가진 여성, 시니어가 사용한다.

넷째, 골프의 경기방식도 많아 스토로크, 매치플레이, 스킨스, 스크램블, 샷건, 포섬, 포볼, 베스트볼, 신페리오, 스테이블, 여러 가지를 조합한 방식 등이 있다.

내기의 방식으로는 스토로크, 스킨스, 조폭스킨스, OECD스킨스(오빠삼삼해), 라스베가스, 라스베가스+뽑기, 후세인, 낫소, 딩동댕게임, 좌탕우탕, 어니스트게임, 하이로, 울프 등이 있다.

골프는 인생살이와 같다고들 한다. 아주 잘 맞은 공이 디봇에 들어가 있거나 막창이 날 수도 있고, 잘못 친 공이 나무나 도로를 맞고 좋은 곳으로 떨어질 때가 있다. 연습을 열심히 하고 체력 관리를 잘해도 성적이 잘 나오지 않는 경우도 있고, 별다르게 연습하지 않아도 잘되는 사람도 있는 것을 보면 골프도 인생살이를 닮았다.

오늘은 모든 것이 뜻대로 잘되어 스코어가 좋았는데, 다음날에는 어제의 나와 다른 사람이 운동한 것 같은 성적이 나오기도 한다. 골프가 잘 안 되고 잘못되는 것에 대한 핑계와 변명도 인생살이와 똑같다. 골프는 다른 운동과 다르게 상대방이 없는 운동으로 자기만의 경기를 해야 하고, 방해하지 말아야 하고 배려해야 하는 운동이다. 골프를 잘 치기 위해서는 실수하지 말아야 하는데, 매 순간 샷하는 조건이 모두 다르다. 골프를 해 본 사람들은 골프가 의도한 대로 잘 안 되는 것이 마치 자식을 자기 뜻대로 하지 못하는 것과 같다고들 한다.

골프 코스는 여인의 몸이라고 하는 사람도 있다. 파4를 기준으로 화이트 티박스가 샷하는 자리로 여성의 눈 위치이다. 이곳에서 드라이브를 쳐서 공이 떨어지는 자리가 훼어웨이로 가슴 위치이다. 가슴에 함부로 접근하지 못하게 벙커나 해저드 등의 장해물을 만들어 놓는다. 두 번째 샷을 하면 그린에 떨어지는데, 이곳은 골반 위치이다. 이곳 주변도 어렵게 만들어 놓아 함부로 접근하지 못하게 만든다. 2번을 퍼팅해서 홀에 넣는다. 그래서 다른 운동에 비해서 골프와 관련된 은어, 농담, 유머에는 유달리 성에 관련된 내용이 많다. 홀에 공이 들어가려면 홀을 지나가게 쳐야 들어간다. 영어로는 Never up, Never in으로 절대 포기하지 말라는 뜻이지만 up과 in을 강하게 말하면 섹스 용어가 된다. 발기하지 않으면 삽입되지 않는다는 뜻이 되므로 조심해서 사용해야 한다. 골프 18홀을 끝내고 뒤풀이로 식사, 고스톱, 스크린골프, 음주가무 하는 것을 19홀이라고 하고, 남녀 간의 섹스도 19홀이라고 한다.

시그너스cc 실크 6번 홀

27/01/2016

골프에 입문

우리 부부는 골프 하기 전에는 여행 다니는 것을 좋아했는데, 골프하고 난 뒤부터는 골프 여행으로 바뀌었다. 나는 50살 때까지 별다른 운동을 하지 않았는데 건강을 생각하여 헬스를 할까 하다가 아내가 골프 하자고 해서 시작했다.

2002년 지하 연습장에서 아침 시간에 헬스 하듯이, 장작 패듯이 시작하여 일 년 정도 했고, 이 기간에 파3 연습장을 일주일에 한 번 정도로 6개월간 다녔다. 머리 올린 것은 연습 시작하고 한 달 만에 캐슬파인에 가서였는데, 파3에서 버디를 해서 동반자들이 머리 올리는 것이 맞나 하고 의구심을 가졌다. 타수는 백돌이였다.

일 년 정도 연습하고 나서 아버지와 어머니가 병원 다니고 치료하는데 모시고 다니느라고, 시간이 없어 쉬다시피 하다가 2004년부터 동네 지인들과 함께 월 1~2회 정도 퍼블릭을 찾아다니고, 가끔은 인도어 연습장에도 다녔다.

2006년 8월에는 지인과 함께 첫 해외 골프를 태국으로 다녀왔다. 두산 유리에서 퇴사한 사우들이 유리회를 만들어 월 1회 모였는데, 몇 년 하다가 해체되었다. 은퇴한 대학 친구 부부와 2006년부터 약 4년간 국내외로 1박 2일~3박 4일의 골프 여행도 다녔다. 2009년에는 시그너스 주중 회원권을 사서 부부가 함께 정기적으로 가끔은 번개로 운동한다. 현재까지 활발히 운영되는 부부동호회이다. 가끔은 동생, 동생 부부와 함께하기도 한다.

시그너스cc 라미 7번 홀

아내의 홀인원, 나의 홀인원

2007년 9월 대학 동창 부부와 함께 태국으로 골프를 갔다가 아내가 라용 골프장 12번 홀 파3 97야드에서 홀인원을 했다. 홀인원을 확률적으로 150야드를 기준으로 일반 골퍼는 12,500라운드에 한 번, 싱글골퍼는 5,000라운드에 한 번, 프로골퍼는 2,500라운드에 한 번이라고 한다. 일반 골퍼 기준으로 연 100회 라운드를 약 30년 해야 한 번의 홀인원을 할 수 있다는 계산이다. 홀인원 하기가 이 정도로 어려워서 대부분의 골퍼가 홀인원을 하지 못한다는 사실을 알게 되었다. 그래서 홀인원을 하면 3년간 재수가 좋다고들 하는가 보다.

아내가 홀인원 했던 2007년 당시 방콕은 한국 여행객들이 많이 찾는 여행지 중의 한 곳이었다. 골프는 물론 신혼여행도 많이 가던 곳이었다. 한국으로 돌아오는 비행기는 대부분 밤에 출발하였다. 우리를 태운 비행기도 밤 10시경 방콕을 이륙하였다. 여행에 열정을 쏟은 사람들 대부분은 이륙하자마자 잠들었다. 한 30분 정도 비행했을까? 비행기 옆에서 번개가 치면서 쿵 소리와 함께 심하게 흔들려서 나는 잠결에 비행기가 벼락 맞았구나 생각했지만, 비행기에는 피뢰시설(정전기 방출기)이 잘 되어있어 문제없을 것이라고 믿었다. 기체가 흔들리고 난 뒤 20분 정도 있다가 기내 방송으로 비행기에 문제가 생겨 방콕으로 회항한다는 안내가 나왔다.

방콕에 착륙한 뒤 안 사실은 모두를 매우 놀라게 했다. 대부분 잠들어 있어서 몰랐지만, 비행기 날개 뒤쪽에 앉은 사람 중 창밖을 보고 있던 사람들은 쿵 소리와 함께 엔진에 불이 붙었고 엔진이 불붙은 채로 계속 비행하고 있어서 공포에 떨면서 이제는 죽었구나 하고 살려달라고 기도했단다. 엔진 화재 장면을 목격하신 분들은 비행기가 착륙하자 거의 실신하다시피 하였다.

우리가 탔던 비행기는 매우 커서 엔진이 4개가 있었는데, 그중 하나가 불에 탔어도 비행하는 데는 큰 문제가 없었지만, 혹시 모를 안전 문제 때문에 회항한 것이었다. 우리 부부도 그동안 여행 다닐 때는 유서를 쓰고 다니던 시절이었는데 정말 유서가 될 뻔했다.

나는 항상 아내에게 고맙다고 한다. 비행기 타기 이틀 전에 홀인원을 해서 우리가 탄 비행기가 추락하지 않았고, 비행기 엔진 화재에도 무사히 착륙하도록 3년간의 모든 행운의 기를 모두 써서 안전하게 되었다고. 항상 아내는 나의 수호신이었고, 아내는 나를 교주라고 했으며 절대적으로 모든 것을 따랐다.

그러나 지금은 절대적으로 따르지 않고 토론하고 맞짱 뜨는 시간이 많아졌다. 나의 유별난 행동주의 때문에 안전과 건강을 위하여 어쩔 수 없이 교주 따르기를 포기한 것이다. 사람이 90세가 되면 하느님과 토론할 준비가 되고, 100세가 되면 하느님과 맞짱을 뜰 수 있는 경지에 다다르는데, 내 나이 겨우 70인데 맞짱 떠야 하나? 하기야 내가 하느님이 아니고 교주니까 어쩔 수 없겠지.

나도 그 어려운 홀인원을 드디어 해냈다. 2021년 12월 시그너스 라미 3번 158m에서 평소 존경하고 롤 모델로 삼고 있는 신 사장님 부부와 동반한 골프에서 홀인원을 해서 무엇보다 기뻤다. 앞으로 3년 동안 어떤 행운이 찾아올지 기대해 본다. 혹시 아들이 결혼하려나?

골프를 즐기는 사람을 즐퍼라고 한다. 골프는 나이 들어서도 할 수 있는 운동 중의 하나이다. 그러나 운동하는 중도에 그만두는 사람들이 많다. 우선 몸이 아픈 데가 없어야 하고, 동반자 3명이 있어야 하고, 시간이 있어야 하고, 경제적인 여유가 있어야 가능한 운동이기 때문이다.

그래서 진정한 즐퍼나 골퍼는 에이지 슈터(Age Shooter)가 목표이다. 에이지 슈터란 골프 라운드에서 자신의 나이 또는 그 이하의 타수를 치는 사람으로 에이지 슈터 되기란 홀인원 하기보다 더 어려운 것이라고 한다. 남자는 18홀 6,400야드, 여자 5,400야드 이상 코스 규모에서 3No(노 터치, 노 멀리건, 노 기미) 조건으로 달성해야 한다. 프로선수들은 60대 후반부터 에이지 슈터의 기회가 있으나, 일반인들은 70대 후반에나 가능한 목표치이다. 에이지 슈터가 된다는 것은 자기 나이와 같은 스코어를 달성하는 것으로 골프인으로서 최고의 경지에 오르는 것이기 때문이다.

통계에 의하면 12,000명 중의 한 명 정도만 달성한다고 한다.

	실크										라미									
HOLE	1	2	3	4	5	6	7	8	9	합	1	2	3	4	5	6	7	8	9	합
PAR	5	4	4	3	5	4	3	4	4	36	4	5	3	4	4	3	5	4	4	36
채종석	0	1	1	1	1	1	0	2	1	44	1	2	-2	1	1	0	0	1	1	41
임**	0	3	1	0	2	2	1	0	0	45	1	2	0	2	2	0	2	1	1	47
안**	0	1	1	1	2	3	0	0	1	45	2	1	0	0	0	1	2	3	1	46
신**	0	2	1	1	1	2	1	2	1	47	2	1	0	1	1	1	2	2	1	47

Total 채종석 85 임** 92 안** 91 신** 94

	1	2	3	4	5	6	7	8	9	1	2	3	4	5	6	7	8	9
Blue	540	380	325	165	500	360	140	345	405	355	510	200	390	425	160	535	430	375
White	510	360	305	145	480	340	120	325	385	335	490	160	370	405	145	515	410	355
Red	441	283	276	122	414	291	102	302	346	316	449	135	340	334	122	463	293	311

시그너스cc 라미 3번홀 나의 홀인원

태국에서 아내의 홀인원. 친구 부부와 함께

캄보디아 진흙길에 갇히다

캄보디아에 있는 앙코르 와트를 여행한 적이 있었다. 여행사들이 연간 항공권을 예약해 놓고 여행객들을 모집하는데, 계약한 블록을 채우지 못하면 차기 계약에 불이익을 당하기 때문에 출발 일주일 전쯤에도 여행객이 부족하면 여행상품 가격을 매우 저렴하게 판매한다. 나는 시간이 맞아서 이 상품으로 여행 갈 수 있었다. 가격이 저렴한 만큼 현지 가이드는 각종 옵션인 라텍스 판매점, 북한식당, 중의학, 야간관광, 게이쇼 등등을 안내하고 이곳에서 일정 수당을 받는 구조이다.

캄보디아로 직접 가는 항공기 편은 매우 적었고, 어쩌다가 있을 때는 방콕 경유보다 가격이 1.5~2배 정도 비쌌다. 그래서 방콕을 경유하고 버스로 앙코르 와트로 가는 편이 많았다. 우리 일행 중에는 세계 각국을 다녔던 사람들이 많아 그동안 많은 것들을 사보았지만 필요없더라고 옆 사람들까지 설득하여 사지 못하게 하였다. 가이드가 안내하는 판매점에서 실적이 없자 한 번만 사달라고, 자기가 이곳에서 실적이 없으면 적자가 된다고 부탁도 하고 짜증도 내다가 급기야는 가이드 없이 우리끼리

다니라고 협박도 했다.

설상가상으로 앙코르 와트에서 방콕으로 가는 날 오후에 캄보디아 국경 근처에 집중호우가 왔다. 가이드는 빨리 출발하여 택시로 가야만 태국에 들어갈 수 있다고 했다. 물론 택시비는 우리의 부담이지만, 고생하지 않으려면 반드시 곧바로 출발해서 택시를 타야 한다는 것이었다. 가이드와 이미 감정적으로 불편한 상태에서 가이드가 택시를 타라고 제안하자 여행을 많이 다닌 사람들은 또 다른 협박이라고 생각하여 거절하고 버스로 가자고 했다.

태국과 캄보디아를 연결하는 제일 중요한 국도로 우리나라로 비교하면 경부고속도로와 같은 도로가 있다. 태국으로 들어가는 이 도로에는 화물차가 많이 다녔다. 이 중요한 도로가 캄보디아 쪽에만 비포장으로 되어 있어 비가 많이 오면 무거운 짐을 싣고 다니는 트럭들로 인하여 도로가 파여서 차량 통행이 엉키고 마비되는 줄 우리 일행들은 몰랐다. 버스는 한참을 가다가 저녁 7시경에 도로에 갇혀버렸다. 트럭이며 버스 등등 모든 차량에는 어디로 갔는지 운전사들이 없고 차들만 왕복 차선에서 서로 엉켜서 오도 가도 못하는 상황이 되었다.

여행을 많이 다닌 사람들이 회사에 연락해서 조치하라고 가이드에게 재촉하였다. 가이드는 방법이 한 가지밖에 없고 모두가 동의해야 실행할 수 있다고 했다. 그것은 오토바이 한 대에 한 명씩 각자 개인용 짐과 함께 타고 차량이 엉켜있는 곳을 빠져나가는 것이었다. 가로등도 없고 어디인지도 모르고 길은 파이고 차들은 엉켜있는데, 아무리 오토바이를 잘 타는 캄보디아인이라도 어떻게 믿고 갈 수 있을까. 모두 걱정을 하고 있는데, 가이드가 이 방법밖에 없으니 믿고 따르라고 하면서 어딘가로 전화하자 약 한 시간쯤 있다가 순차적으로 오토바이가 20대가 왔다. 일행 중에 80대 노부부가 계셨는데, 짐까지 같이 챙겨 타는 것은 위험해서 짐은 별도로 다른 오토바이에 싣고 가기로 했다.

오토바이 운전자들은 서커스 하듯이 차량 사이사이로 한참을 운전하여 만나기로 한 장소로 무사히 도착했다. 인원 파악을 해보니 회사원인 20대 여성 두 명이 없고, 아무리 기다려도 오지 않자 모두 술렁거리기 시작했다. 오토바이 운전자들이 20~30대 남자들이라 어떻게 된 것이 아닌가 하고 걱정하고 있는데, 한 40분쯤 후에 도착했다. 도착하는 장소를 착오해서 잘못 갔다가 되돌아오느라고 늦어진 것이었다.

우여곡절 끝에 태국 국경에 도착하여 국경 옆 호텔에 들어가니 새벽 2시가 되었고 다음날 6시에 출발한다고 해서 겨우 눈만 붙이고 5시 50분까지 로비에 모두 모였다. 시간이 지나도 가이드가 나타나지 않았다. 여기저기 수소문해도 가이드가 어디에 있는지 알 수가 없었다. 8시가 되어 가이드가 나타났다. 우리에게 골탕을 먹인 것이다. 이 사태로 모든 여행 스케줄이 바뀌었고, 가이드는 수당은 물론이고 손실을 줄이려는 노력조차도 포기한 것 같았다.

이번이 가이드 10년 생활을 마감하는 자리라고 하면서 이렇게 비참하게 끝날 줄은 몰랐다고 눈시울을 붉혔다. 방콕으로 와서는 가이드가 너무 안 되어 보여 모두 옵션을 적극적으로 도와주었다.

12/11/2015

02/06/2016

아내,
카트 사고로 중상

골프 여행이 매번 좋기만 하지는 않았다. 2018년 고등학교 동창 부부와 태국의 한 골프장에 갔다. 아내는 몇 번 왔던 골프장이니 처음으로 온 동반자와 함께 운동하라고 하고 나와 친구들은 먼저 출발했다. 첫날 두 번째 홀에서 아내는 카트를 운전하면서 동반자에게 어떤 채가 필요한지 확인하려고 고개를 옆으로 돌리는 순간 핸들이 돌아가 배수로로 카트와 함께 굴러떨어져 중상을 입었다. 왼쪽 다리가 카트와 시멘트 배수로 사이로 끼면서 무릎 슬개골 위쪽으로 우산 모양으로 찢어져 뼈가 훤히 드러나고, 발목은 두 군데가 골절되었다. 다치자마자 골프 리조트 근교에 있는 보건소 같은 곳에 가서 응급으로 소독과 함께 식염수로 씻어내면서 흙, 모래, 잔디, 풀을 약 2시간 동안 제거하였다. 손바닥 절반 크기로 떨어진 살에는 오염물질이 많이 달라붙어 있어 제거하는 데 오랜 시간이 걸렸다.

응급조치하면서 수술할 수 있는 병원을 알아보고 깐짜나부리 도시에서 제일 잘한다는 병원으로 가기로 했다. 차량으로 한 시간 이송하여 다시 소독하고 1차 수술로 무릎을 40바늘 이상 꿰매고, 2차 수술로 발목에 철심을 두 군데 박아 넣었다. 무릎 쪽 다친 범위를 보니 완치가 안 될 수도 있고, 50% 확률로 영구적으로 장애가 있을 수 있다는 의사의 말을 듣고 눈앞이 캄캄했다. 수술 후 3일간 병원에 입원하게 하더니 퇴원해도 된다고 하면서 소독약을 구해서 매일 소독하라고 했다.

리조트에서 3일간 자가 관리하다가 병원에 갔다. 의사가 상처 부위를 열어 곪아있는 것을 보고 깜짝 놀라더니 추가로 고가의 항생제를 놓아주면서 매일 오라고 했다. 풀, 흙 등이 완전히 제거되지 않아서 세균에 감염되었던 것으로 생각한다. 통원 치료하며 상처가 좀 아무는 것 같았다.

태국에서 아내 왼쪽 다리 골절

귀국하고 나서 동네 정형외과에 방문해서 치료받았는데, 5일간 치료를 했는데도 차도가 없자, 정형외과 전문병원인 동서울종합병원을 추천해 주었다. 담당 의사는 상처를 보자마자 재수술해야겠다고 해서 봉합한 것을 다시 열고 내부부터 재소독하고 2중으로 봉합수술을 다시 했다. 수술 후 3일째 되는 날 혈액검사를 하고는 곧바로 격리되었다.

녹농균에 감염되었던 것이라고 했다. 녹농균에 감염되면 정상인들은 큰 문제가 없지만, 몸이 약한 사람들은 패혈증으로 사망할 확률이 매우 높다는 이야기를 듣고 너무 놀라서 다리에 힘이 하나도 없고 주저앉을 것 같았다. 태국에서 다친 후 거의 한 달이 되어 가는데 그동안 식사도 잘 못 하고, 거의 움직이지도 않아서 저항력이 최악인 상태에서 녹농균 감염이라는 말을 들으니 정말 하늘이 노랗게 보였다.

치료 과정은 끔찍할 만큼 항생제를 쏟아 넣는 것이었다. 항생제를 얼마나 투여했는지 변이 완전히 검은색이 되었다. 혹시 위장에서 출혈이 있는 것이 아닌가 하여 위내시경까지 해보았다. 녹농균보다 항생제와 싸우다가 5일이 지나니 녹농균이 없어져 격리에서 해제되고 면회도 가능해졌다.

남해 아난티cc

제주 중문CC

재수술한 상처가 아물기를 기다려 10일 동안 일반병실에 있다가 퇴원했다. 입원하는 동안 야간에는 매일, 낮에는 시간이 되는대로 병간호를 내가 했는데, 주변 간병인들이 자기들끼리 내기를 했단다. 나와 아내가 불륜이냐, 실제 부부이냐 하고. 대부분이 불륜을 선택했다고 했다. 남편이 아내 병간호를 정성스럽게 하는 사람을 본 적이 없다고 한다. 후일 우리가 부부라는 것을 알고 아내와 간병인들은 다양한 대화를 나누며 입원해 있는 동안 무료하지 않게 보낼 수 있었다.

목발과 휠체어 신세를 지면서 2개월 동안 물리치료를 받고도 절뚝거리며 다리를 곧바로 펴지 못하고 엉거주춤한 걸음으로 다니다가 6개월이 되는 시점에 철심을 제거하기 위해 다시 수술하고 10일간 입원했다.

사고 후 10개월 만에 바람도 쐴 겸 필리핀으로 골프 여행을 갔다. 샷을 할 때 왼쪽에 힘을 줄 수가 없어 똑따기 타법으로 컨디션을 조절하며 서서히 운동을 시작하여 2년이 지나서 왼쪽 다리에 힘을 실을 수 있을 정도가 되었다.

오잘공은 백전백승(百戰百勝) 삑사리는 백팔번뇌(百八煩惱)

이글하면 일거양득(一擧兩得) 버디하면 감지덕지(感之德之)

파를하면 다다익선(多多益善) 보기하면 비일비재(非一非再)

더블하면 설상가상(雪上加霜) 골프운동 호사다마(好事多魔)

봄철에는 낙화유수(落花流水) 무릉도원(武陵桃源)

여름에는 삼라만상(森羅萬象) 요산요수(樂山樂水)

가을에는 만산홍엽(滿山紅葉) 추풍낙엽(秋風落葉)

겨울에는 엄동설한(嚴冬雪寒) 낙락장송(落落長松)

인생살이 새옹지마(塞翁之馬) 태어나면 불가사의(不可思議)

걸음마로 일취월장(日就月將) 학교가면 고군분투(孤軍奮鬪)

졸업하면 각자도생(各自圖生) 결혼하면 천생연분(天生緣分)

취직하면 의기충천(意氣衝天) 퇴직하면 토사구팽(兎死狗烹)

죽死으면 유구무언(有口無言) 회자정리(會者定離) 인명재천(人名在天)

남가일몽(南柯一夢) 일장춘몽(一場春夢)

설악 데피노cc

일본 아이와cc

제7장

어떤 안경이 좋은가?

눈!
어느 것보다 중요하다

사람이나 동물에 있어서 눈은 매우 중요하다. 특히 동물의 눈은 생명과 직결된다. 독수리는 시력이 5.0으로 1km 거리에서 먹잇감을 보고 사냥할 수 있다. 타조는 동물 중에서 가장 시력이 좋아 시력 25.0으로 4km 거리에서도 움직임을 감지하기 때문에 맹수로부터 살아남을 수가 있다. 고등동물일수록 눈이 발달하였고, 하등동물일수록 시력이 낮은 편이고 촉각, 후각, 초음파 등이 더 발달하였다.

인간은 시력이 나쁘다고 해도 생명에는 문제가 없으나 삶의 질이 떨어져 경쟁력이 떨어지게 된다. 눈은 수많은 정보를 입력하여 안전을 확보하고, 사회생활을 하고 자아실현을 하는 데 가장 소중한 인체 기관 중의 하나이다. 소중한 눈이 아프거나, 시력 기능이 떨어지고 나면 그때에야 그 소중함을 깨닫는다. 마치 물과 공기가 살아가는 데 제일 중요한데, 물과 공기에 문제가 생겨야 비로소 중요성을 깨닫는 것과 마찬가지이다.

눈은 뇌의 일부분이고 뇌로 가는 신경다발은 뇌의 연장선이라고 주장하는 사람도 있을 만큼 중요한 기관이다. 우리나라 사람들은 눈을 너무 가볍게 생각하는 경향이 있는 것 같다. 라식, 백내장 수술이 꼭 필요한 사람은 수술해야 하지만 하지 않아도 되는 사람들이 수술하고 후회하는 것을 보면 안타까운 생각이 든다. 삶의 질이 그만큼 떨어지는 것이다.

눈의 기능은 물체의 형태나 존재를 인식하는 시력, 명암을 인식하는 광각, 색을 인식하는 색각, 한 번에 보는 범위인 시야, 입체와 원근감을 인식하는 양안시, 먼 곳과 가까운 곳을 볼 수 있는 조절, 목표물에 양안을 집중하는 폭주(輻湊)가 있다.

시력은 망막에 상이 맺히는 중심시력, 주변을 보는 중심외시력, 한쪽 눈의 단안시력, 양쪽 눈의 양안시력, 5m 이상을 보는 원방시력, 30cm를 보는 근방시력, 교정하지 않은 나안시력, 안경이나 콘택트렌즈로 교정한 교정시력, 0.7을 정상인 시력으로 생활시력, 운동선수에 필요한 동체시력, 순간시력, 주변시력으로 분류한다.

아이가 태어나서 백일에서 돌 때까지 시력은 0.1 수준이고, 3살 정도면 0.5, 7세 정도면 1.0의 시력을 갖게 된다. 7세까지 시력 발달 과정에서 햇빛을 잘 보지 않고 어두운 실내에서 과도한 조기교육을 하게 되면 거의 근시가 된다. 병아리를 어둡고 좁은 공간에서 키우는 실험을 했는데, 성체가 되어도 거의 모두 근시가 되어 있었다. 성장기에 근시 환경을 만들면 근시가 되는 것이 입증된 것이다.

그 외에 시력이 나빠지는 원인으로 당뇨, 고혈압, 백내장, 과도한 근업 및 전자기기 사용, 스트레스, 선천적인 장애, 원추각막, 각막과 수정체의 이상, 굴절이상(근시, 원시, 난시), 각막이양증, 녹내장, 망막박리, 망막증, 황반변성, 시신경염, 뇌종양, 건안, 교통사고와 같은 외상 등등이 있는데, 그 원인을 찾아 교정해야 한다.

굴절이상으로 시력이 잘 나오지 않는 것을 분류하면 근시, 원시, 난시, 노안으로 크게 분류할 수 있다. 시력이 잘 나오지 않으면 의학적으로 환자로 분류하는데, 많은 사람이 시력이 나쁘다 보니까 환자라고 부르지 않고 있다. 애꾸눈 마을에 두 눈을 가진 사람이 방문하면 두 눈인 사람이 정상이 아닌 것처럼 된다. 시력 보정용으로 안경이나 콘택트렌즈로 교정이 되어 정상시력이 나오면 환자로 취급하지 않고 정상인으로 보기 때문에 군 복무도 하고 운동선수도 한다.

1급 시각 장애인은 교정시력이 0.02 이하이고, 2급 장애가 0.04, 3급 장애가 0.06 이다. 약시는 교정시력이 0.6 이하이고, 0.7 이상이면 정상인으로 구분한다.

시력표는 외경 7.5mm에 두께 1.5mm의 C자를 만들고, C자의 한쪽을 1.5mm 끊어진 틈을 만들어 5m 거리에서 끊어진 틈 1.5mm를 알아볼 수 있으면 1.0 시력으로 규정하고 있다.

렌즈의 굴절력(D)을 디옵터(Diopter)라 하는데, 초점거리의 역수이다. D=1/초점거리(m) 수식으로 1m의 초점거리는 1D이다. 50cm라면 2D가 되고, 20cm라면 5D가 된다. 근시로서 안경을 안 쓰고 1m의 물체를 정확하게 보고 그 이상은 흐려 보인다면, -1.00D라고 하고 20cm를 정확하게 본다면 -5.00D 반대로 원시인 경우는 부호를 +로 하면 된다.

근시인 사람들이 "내 눈이 마이너스이지요?"라고 묻는 일이 많다. 시력을 표시하는 것은 2.0, 1.5, 1.2 1.0, 0.9 ~ 0.1로 표시하고 그 이하는 0.1 이하이고 맹(盲)이 0이다. 마이너스라는 시력은 없고, 광학적 표시이다. 근시는 -, 정시는 0, 원시는 +로 표시한다.

근시는 5m 거리에 있는 사물이 망막 앞에 상이 맺히기 때문에 흐려 보인다. 정시는 망막에 상(像)이 맺히기 때문에 사물을 정확히 볼 수 있다. 원시는 망막 뒤에 상이 맺히는 것이다. 원시인 경우, 눈의 조절력이 좋으면 망막 뒤에 맺힌 상을 조절하여 당겨서 망막에 초점을 맞추어 정시같이 볼 수 있으나, 조절력이 떨어지거나 원시량이 조절할 수 있는 양보다 많을 때는 망막에 상을 가져올 수가 없어 흐리게 보인다. 노안도 조절력이 떨어져 생기는 것이다.

눈을 찡그리거나 밝은 데 있으면 동공이 수축하기 때문에 초점심도가 좋아져 더 잘 보이게 된다. 예를 들어 -3.00D(근시 3.00D)인 경우 나안시력은 0.1 정도 되나 밝은 곳에서 찡그리게 되면 0.5 이상도 볼 수 있다. 반대로 밤에 눈을 크게 뜨면 0.05도 못 보게 된다. 동공의 크기는 사람마다 다르다. 동공이 작은 사람은 같은 -3.00D라고 해도 나안시력이 0.1 이상이 되고 동공이 크면 초점심도가 흐려져서 더 흐리게 보인다.

근시는 안구가 길거나(근시가 많은 사람의 안구를 보면 눈이 튀어나와 있다) 각막이 너무 많이 휘어서 나타나고, 원시는 안구가 짧거나 각막이 편평하여 발생한다.

빛은 입자와 파동으로 되어 있어 직진, 반사, 회절, 흡수, 발광, 굴절,

간섭, 분광, 편광(종파와 횡파)하는 성질을 가지고 있다. 분광해보면 가시광선은 400nm~780nm으로 나타나고, 파장이 짧은 400nm 이하의 광선이 자외선(Ultraviolet)이다. 자외선에 오랜 시간 노출되면 각막염, 백내장, 피부노화, 피부암, 화상, 면역력 저하 등이 있을 수 있다. 야외에서 일하는 직업을 가진 사람들이 선글라스나 안경을 착용하지 않으면 실내에서 생활하는 사람보다 백내장 환자가 되기 쉽다. 자외선은 살균 기능이 있고 비타민D를 만들어 주므로 적당량의 자외선은 인체에 도움이 된다. 그러나 과도하게 자외선에 노출이 된다면 자외선 차단제, 옷, 모자, 우산, 선글라스 또는 안경(안경렌즈가 투명해도 자외선이 차단됨)으로 보호해야 한다. 특히 남극에 가까운 곳은 오존층이 파괴되었으므로 반드시 눈과 피부를 보호해야 한다. 호주에 사는 많은 동물이 백내장에 걸린다고 한다.

자외선보다 긴 파장을 가진 400nm~420nm의 보라색 파장도 눈의 각막염이나 백내장을 유발하는데 이를 차단하는 안경렌즈를 청광차단렌즈라고 한다. 전자기기를 많이 보는 사람은 이 청광차단렌즈를 착용하는 것이 좋다.

반대로 가시광선보다 파장이 긴 것을 적외선(Infrared)이라고 하며, 파장은 750nm~1000nm으로 열에너지가 눈 속 깊이 들어가 백내장, 망막, 황반변성을 일으킬 수 있다. 최근에 일부 안경렌즈에 근적외선 차단 기능이 있는 렌즈가 개발되어 열감, 안구건조증, 황반변성이나 망막 쪽의 불편함을 덜어준다. 적외선은 군사용이나 의학용으로 열화상 레이더와 카메라에 이용된다.

안경렌즈

안경렌즈는 균질해야 하고, 투명해야 하고, 굴절률, 비중, 아베수(분산율의 역수)의 조합이 이상적으로 되어야 하고, 내후성, 내열성, 내충격성, 내마찰성, 내약품성, 내구성, 내경화성이 좋아야 하며, 가공이 뛰어나야 한다.

한 가지 예를 들면, 굴절률을 높게 하면 렌즈 두께를 얇게 만들 수 있으나, 비중이 올라가서 무겁고 아베수가 나빠서 눈이 개운한 느낌이 없어진다. 이러한 단점을 개선하여 최상의 조건을 가진 렌즈를 개발하는 것이 기술력이고 특허가 된다.

렌즈 모양으로는 원시는 볼록렌즈, 근시는 오목렌즈, 사위(斜位)에는 프리즘렌즈, 고글식 테에는 커브렌즈를 사용한다. 렌즈의 종류에는 구면렌즈(Spherical lens), 난시렌즈(Cylindrical lens)로 안경 처방전에 보면 앞 글자만 따서 S, C로 표기한다.

렌즈 소재로는 유리, 플라스틱이 있다. 유리는 무겁고 잘 깨지고 깨지면 눈에 위험해서 어린이용으로는 대부분 금지하고 있다. 장점은 아베

수가 좋아 눈이 시원하고 흠집이 잘 생기지 않는다. 플라스틱 소재는 가볍고 잘 깨지지 않고, 염색이 가능하여 선글라스나 여러 가지 색으로 연출할 수 있다. 단점은 열에 약하고, 흠집이 잘 날 수 있다.

렌즈에는 구면수차, 왜곡수차, 코마수차, 만곡수차, 비점수차, 색수차가 있기 마련인데, 이러한 수차를 보완하여 만든 것이 비구면렌즈이고, 수차를 더 줄인 것이 양면비구면렌즈이다. 용도로 구분한다면 단초점렌즈는 원거리용인데 조절력이 좋은 40대 이하는 근거리도 잘 볼 수 있다. 다초점렌즈나 이중초점렌즈는 근거리가 보기 힘들 때 근용이 추가된 렌즈로 백내장 수술한 사람이나 조절력이 떨어진 노인용이다. 반대로 근시는 안경을 벗으면 근거리가 잘 보이나 원거리를 보려고 안경을 쓰면 근거리가 잘 보이지 않으므로 다초점렌즈나 이중초점렌즈를 써야 원거리와 근거리를 한 개의 안경으로 볼 수 있다.

다초점렌즈는 원거리와 근거리를 모두 잘 볼 수 있어 편리하나 몸이 불편한 사람, 어지럼증이 있는 사람, 예민한 사람, 좌우 도수가 차가 심한 사람, 성격이 급한 사람, 안경을 처음 착용하는 사람, 교정시력이 잘 안 나오는 사람, 안경을 벗으면 근거리가 잘 보이는 근시인 사람은 적응하지 못할 수도 있어 추천하지 않는다. 그러나 어려운 조건이라 해도 꼭 필요한 경우에는 처방할 수도 있다.

변색렌즈는 햇볕을 받으면 색이 변하고 실내에 들어오면 투명해지는 렌즈로 자외선에 변하는 것과 빛에 변하는 것이 있는데, 자외선에 변하는 것은 자외선 차단필름이 있는 차 안에서는 변색하지 않고, 습도와 온도가 높으면 변하는 정도가 줄어들고 기온이 내려가고 건조하면 진하게 변한다.

편광렌즈는 반사 빛을 차단하고 한쪽 빛만 통과하기 때문에 낚시하는 데 도움이 되고, 사막에서 신기루를 볼 수 없고, 필름으로 부착하는 렌즈는 어지러움이 있을 수 있다.

안경렌즈는 기능을 높이기 위해 각종 표면코팅을 하는데, 반사를 줄이는 반사방지코팅, 흠집이 덜 나도록 하드코팅, 물방울 자욱이 안 나도록 하는 수막코팅, 이 3가지 코팅은 기본적으로 되어 있다. 거울같이 보이는 미러코팅, 선글라스나 원하는 색으로 착색하는 칼라코팅, 정전기 방지와 세척이 용이한 초발수코팅, 내마찰성을 추가한 코팅(렌즈 회사별로 명칭이 모두 다르게 표현함)이 있다. 선글라스의 색상이 너무 진하면 터널에 진입할 때 어두워서 위험할 수 있다.

안경렌즈를 선택하는 경우의 수는 재질(유리, 플라스틱의 2가지), 설계(구면렌즈, 비구면렌즈, 양면비구면렌즈의 3가지), 용도(단초점렌즈, 이중초점렌즈, 원중 다초점누진렌즈, 중근 다초점누진렌즈, 근근 다초점누진렌즈의 5가지), 기능(투명렌즈, 편광렌즈, 변색렌즈의 3가지), 표면처리(기본, 미러, 칼라, 초발수, 내마찰의 5가지), 유해광선(청광, 근적외선의 2가지)이 있다. 2×3×5×3×5×2=900이 된다. 그러므로 렌즈를 고른다면 900개 경우의 수 중에 하나를 선택하는 것이다. 이외에 특수하게 프리즘, 편심, 커브, 축소, 폴리카보네이트 렌즈 등등을 추가하면 렌즈 선택에도 고려할 사항이 무척 많다. 선택할 사항이 많아서 모두를 설명할 수 없다. 고객과 질의응답을 통해서 적합한 렌즈를 추천한다.

안경테

안경테의 소재로는 크게 금속과 플라스틱으로 나눈다. 금속에는 금, 양백, 모넬(니켈과 동합금), 하이니켈, 티탄, 베릴륨동, β합금(티탄과 기타 금속의 합금), NT합금(형상기억합금) 이외에도 여러 금속을 조합해서 안경테에 적합한 신소재를 만들기도 한다. 금테 안경으로는 24K를 쓴다. 일반적인 금테 안경은 24K 금테 안경이 아니고 금도금을 한 것인데, 순금으로 오해하는 이도 간혹 있다. 니켈의 장점은 가격이 저렴하고 안경테를 단단하게 만들어 잘 변형되지 않고 튼튼하기는 하나, 금속 알레르기를 일으킨다는 단점이 있다. 알레르기가 있으면 플라스틱이나 티탄 소재의 안경테를 선택해야 한다.

저가의 티탄 테에는 니켈이 조금씩 들어있어 알레르기에 매우 예민한 사람은 알레르기가 생길 수 있으니, 고가의 100% 티탄을 써야 한다. 티탄이 고가인 이유는 금속 자체도 고가이지만, 테를 만들 때 진공 용접하는 등 여러 공정이 일반 금속보다 매우 까다로워 단가가 올라가기 때문이다.

플라스틱 소재로는 TR(PEI: Polyetherimide)이 있는데 주로 값싼 뿔테로 불리고 있고, 열에 강하고, 가볍고 다양한 색을 만들 수 있으나, 충격에 약하다. 셀룰로이드 소재는 과거에 많이 사용했고, 색상이 고급스러우나 무겁고, 열에 제일 취약해서 잘 변형된다.

셀룰로이드 아세테이트(Cellulose acetate)는 고급 뿔테로 불리고 주로 선글라스에 사용하는데, 색상구현이 좋고 질감도 좋으나 무겁고, 열에 약하지만 셀룰로이드보다는 강하다. 울템(Ultem)은 TR를 개선한 소재로 강도와 내열성이 높고, 가볍고, 잘 부러지지 않고, 원상 복귀가 매우 좋아 항공기, 반도체 등에도 사용되는데 단점은 색상에 한계가 있고, 피팅(안경을 얼굴에 맞게 조정하는 일)이 잘 안 된다. 폴리아미드(Polyamide)는 나일론이라고 하는데 초경량으로 인장, 압축, 휨, 충격에 강하며, 알레르기가 없고, 고가이며, 생산 업체가 별로 없다.

에폭시 수지(Optyl)는 일반적인 뿔테로 다양한 디자인을 만들 수 있으나, 어느 정도 시간이 지나면 표면에 백화현상이 나타나고, 피팅이 잘 안 된다.

그 외에 방탄 소재용이 있는데 내충격과 내구성은 좋으나, 딱딱하고 질감도 떨어지며 무엇보다 휘청거려서 안경 착용 시 어지러울 수 있다. 그 외 카본 소재의 테, 대나무로 만든 테, 거북이 등껍질로 만든 귀갑테가 있는데, 요즈음은 귀갑테를 볼 수가 없다. 동물보호문제도 있는 데다 편리한 대체 소재가 많아져서 귀갑테가 자취를 감춘 것으로 보인다.

어떤 안경이 좋은가? 잘 보이고 편한 것이 제일 좋은 안경이다. 안경을 쓰려는 사람의 건강 상태와 환경을 고려해서 보려고 하는 대상의 목적에 맞추어야 한다. 운전용, 컴퓨터용, 보석 세공용 등 모두 용도가 다르기 때문에 목적에 맞는 안경을 만들어야 한다. 무조건 1.0으로 보이는 것이 좋은 안경이 아니다. 목적 외로 과교정이 되어 있는지, 양안시와 사위의 밸런스가 잘 맞는지, 잠복원시로 안정피로가 있는지, 난시를 잘 맞춰도 오히려 어지러운 것이 아닌지, 학생이라면 가성근시가 있는지 등등을 고려하여 편하고 잘 보이는 안경이 제일 좋은 안경이라고 할 수 있다.

안경원을 하면서 제일 어려운 처방이 당뇨가 있는 사람들이다. 시력검사를 완벽하게 해서 처방했는데 2~3일 후에 불편하다고 하여 재검사해 보면 다른 결과가 나온다. 빠르면 하루 만에도 변하고, 보통 일주일 단위로 계속 변하여 기준점을 잡기가 매우 어렵지만, 당뇨 관리가 잘되는 분들의 오차는 적은 편이다.

또 한 가지 아주 드물지만 불가사의한 경우가 있다. -2.00~-5.00D 안경을 쓰는 사람 중에 교정시력도 좀 떨어지고 거의 변화가 없다가 50대 정도부터는 갑자기 근시가 없어지고 교정시력도 잘 나오는 경우가 있어 당황스럽기까지 하다. 가성근시가 있었던 사람이 스트레스로 그 가성근시를 풀어주지 못하다가 백내장이 시작되는 시기에 맞춰 스트레스가 완화되면서 가성근시가 없어지는 것으로 추측된다. 가성근시를 확인해 보아도 나타나지 않았던 것은 심한 스트레스가 가성근시를 붙잡고 있었던 것으로 추정한다.

안경의 관리를 의외로 잘못하는 분들이 많은 것을 본다.

1. 한 손으로 안경을 벗으면 멋있어 보이나, 안경테가 휘어지거나 늘어나거나 약한 뿔테는 부러질 수 있다. 늘어나면 흘러내려서 불편하고 초점이 맞지 않아 안정피로가 생긴다.
2. 안경을 벗어서 바닥에 놓을 때 렌즈 면이 바닥에 닿으면 흠집이 발생한다.
3. 안경을 닦을 때 극세사 천으로 닦아야 하고, 천이 더러워지면 빨아야 깨끗이 닦인다.
4. 김서림방지제, 비누, 알코올 등 화학물질로 렌즈를 자주 닦으면 렌즈 코팅이 벗겨진다.
5. 땀이나 바닷물에 닿았을 때는 깨끗한 물로 헹구어야 안경테 부식이 방지되고, 렌즈 코팅도 유지된다.
6. 여름철에는 차 안에 안경을 보관하면 안 되고, 열탕, 열풍, 직사광선, 고온에 노출해도 안 된다. 헤어드라이어로 렌즈를 말려서도 안 된다. 뜨거운 곳에 있으면 렌즈와 코팅과의 열팽창이 달라서 하드코팅이 손상되어 아무리 닦아도 깨끗이 보이지 않는다.
7. 사용하지 않을 때는 케이스에 보관해야 하는데, 의자나 소파 또는 침대에 놓고 앉다가 또는 밟아서 망가지는 경우가 많다.
8. 무테나 반무테는 벗어놓을 때 또는 떨어뜨릴 때 렌즈의 모서리가 깨질 수 있으니 주의해야 한다.
9. 안경을 닦을 때 안경다리를 단단히 잡고 반대쪽을 닦으면 브릿지나

림 부분이 절단되기 쉽다. 지렛대 원리에 의해 조금만 힘을 주어도 끝 쪽에는 매우 큰 힘이 전달되어 꺾어 부러뜨리는 현상이 발생한다. 한 손으로 안경테를 받치고 다른 한 손으로는 안경렌즈만 닦아야 안경테 부러짐을 방지할 수 있다.

안경테에 문제가 있어 교정받으러 방문하는 사람들이 많다. 대부분 안경다리가 벌어졌다든지 안경다리가 꺾여서 좌우 수평이 맞지 않거나 코 받침이 찌그러진 경우, 흘러내리는 경우, 귀나 코가 아픈 경우가 대부분이다. 가끔 다른 안경원에서 맞춘 안경의 교정을 원하는 사람들이 있다. 교정하다가 테에 문제가 발생할 수 있다고 말하면 수긍하는 사람도 있지만, 불만을 제기하는 사람도 종종 있다. 선의로 교정해주다가 절단되면 배상 문제가 발생한다. 교정하다가 손상되어도 안경사 책임이 아니라고 해도 이해하지 못하고 화를 내는 사람들이 있다. 안경테 용접이나 제조 결함으로 절단되는 경우도 있고, 사용 중 불편하다고 이것저것 만져서 금속의 내구성이 약해져서 쉽게 절단되는 사례도 많고, 어린아이들이 가지고 놀다가 임계점 이상으로 변형된 경우도 있고, 땀이나 바닷물에 부식되어 약해진 경우도 있고, 플라스틱 테가 화학약품이나 자외선에 오랜 시간 노출되어 쉽게 부스러질 수도 있어 교정하는 안경사들도 조마조마한 마음으로 위기를 느끼면서 교정하고 있다.

콘택트렌즈

많은 사람이 미용 때문에, 코가 눌려서, 코 수술이나 다쳐서, 얼굴에 걸치는 것이 불편해서, 어지럽고, 김서림이 있고, 운동하거나 활동하는 데 불편하거나 위험하여 안경 대신 콘택트렌즈를 착용한다.

콘택트렌즈는 소프트(Soft)와 하드(RGP: Rigid Gas Permeable) 2가지로 구분하는데, 하드렌즈는 난시 교정, 시력 교정 등이 탁월하고 눈 건강에도 좋으나 착용했을 때 너무 불편하여 요즈음은 거의 착용하지 않는다. 그래서 장단점, 특성, 관리 등등은 모두 생략한다.

생활 수준이 높아지면서 교체 주기가 빠른 소프트렌즈로 거의 바뀌었는데 소프트렌즈의 장점은 착용감이 좋아서 렌즈 낀 것을 느끼지 못할 정도로 편하다는 것이다. 특히 운동할 때 소프트렌즈를 착용하면 시야가 넓어 보이고, 배율 차이가 없어져 정상인들이 보는 물체 크기와 같은 크기로 보인다. 그 외로 항공기 승무원, 아나운서나 백화점에서 근무하는 사람들이 미용상 목적으로 착용한다. 고도 근시인 경우, 안경을 착용하고 보아왔던 골프공을 콘택트렌즈를 끼고 보면 야구공 크기로 느낀다. 오목렌즈인 안경으로 보면 배율 차이 때문에 모든 사물이 축소되어 보이다가 콘택트렌즈를 착용하고 보면 배율 차이가 없어져 본래 크기로 보이기 때문이다.

반대로 원시는 볼록렌즈로 사물이 크게 보인다. 고도 원시라면 안경을 착용했을 때 야구공만 하게 보이던 골프공이 콘택트렌즈를 착용하면 골프공 크기로 작게 보인다. 이것 역시 배율 차이 때문이다. 확대경을 가지고 어떤 물체를 볼 때 눈에 바짝 대고 보는 것보다 좀 떨어져서 보면 물체가 크게 확대되어 보이는 것과 마찬가지이다.

특히 좌우 도수 차이가 심한 부등시인 사람, 중등도 근시 이상에서는 안경보다는 콘택트렌즈가 훨씬 편하다. 그 이유는 좌우 물체 크기가 같게 보이므로 양안시, 입체시력이 잘되기 때문이다. 안경 착용 시 좌우 도수가 심하면 도수 차이만큼 눈이 보는 사물의 크기가 서로 달라 양안시 입체시가 잘 안되거나, 뇌가 피곤할 수밖에 없다. 안경을 착용했을 때 부등시가 심하면 매직아이를 할 수 없고, 입체영화를 볼 수 없다.

소프트렌즈의 가장 큰 단점은 렌즈가 눈물을 빨아들여 안구건조증을 유발할 수 있고, 소독이나 단백질제거를 잘하지 않으면 각막이나 결막에 염증을 일으킬 수 있다는 것이다. 소프트렌즈는 내구성이 약하고 오염에 약해서 단백질, 지방, 칼슘이 잘 부착되므로 관리를 소홀히 하면 안질환이 발생한다. 소프트렌즈는 산소투과율이 낮아서 장시간 착용하면 눈 건강에 좋지 않을 수 있으므로 취침 시에는 반드시 빼야 한다. 일회용 렌즈는 이물질 및 단백질이 침착되기 전에 교체하므로 눈 건강에는 좋으나 비용이 많이 든다. 건안인 사람이 소프트렌즈를 사용할 수밖에 없는 조건이라면 렌즈를 뺄 때 인공눈물이나 식염수를 눈에 넣어 충분히 적신 다음 빼야 한다. 안구건조증으로 렌즈와 각막이 달라붙어 있는 상태에서 무리하게 빼면 각막에 상처가 날 수도 있고, 심하면 각막천공(구멍)이 생겨 실명하거나, 수술한다 해도 혼탁으로 영구적으로 시력 저하가 된다.

난시가 심한 사람은 시력 교정이 잘 되지 않을 수 있다. 전체 난시, 각막 난시, 수정체 난시와 눈동자 베이스커브와 눈물을 고려하여 최상의 난시렌즈를 처방해야 한다. 여러 변수를 잘 고려한다고 해도 안경보다는 교정이 덜 되는 편이다. 그리고 수영이나 목욕 시 렌즈가 빠져 분실할 수 있다.

다초점 소프트렌즈가 있는데 시력이 좋은 사람에게는 기대만큼 효과적이지 않다. 난시 교정이 안 되고, 렌즈의 중앙 부분이 근용부를 볼 수 있도록 설계되어 있고, 원거리는 렌즈의 주변부로 볼 수 있도록 설계되어 있어서 선명한 시력은 불가능하다. 근거리도 조명이 밝으면 효과가 좋으나 어두운 곳에서는 보이지 않는다. 직업상 필요한 분에게만 추천하는데, 대부분 노안이 오는 시기에는 안구건조증도 많이 오기 때문에 추천하기가 어렵다.

소프트렌즈의 종류는 장기착용렌즈(3~12개월), 단기착용렌즈(2주~1개월), 일회용렌즈, 난시렌즈, 미용렌즈, 홍채렌즈, 치료용렌즈, 색각 보정용이 있다. 장기착용렌즈는 산소투과율을 높이기 위해 함수율이 낮아서 부드럽지 못하고 착용감이 떨어진다. 장기 착용렌즈라 해도 렌즈 관리 상태, 눈물의 질, 착용 경력, 착용 주기 및 시간에 따라 사용기간이 결정되기 때문에 3~12개월이 절대적인 것은 아니다. 렌즈를 수년간 착용한 경력이 있는 사람 중 일부는 장기착용렌즈를 3~4일만 착용해도 충혈되는 수가 있는데 단백질 거부 반응이 생겨서 더 이상 장기착용렌즈를 사용할 수 없고 단기착용렌즈나 일회용렌즈로 교체해야 한다.

단기착용렌즈는 실리콘 소재를 넣어서 산소투과율을 높였으나 착용감은 떨어진다. 일회용렌즈는 함수율이 높아 매우 부드러워서 착용감이 제일 좋고, 눈 건강에도 좋으나 장기적으로 사용하면 개인차에 따라 안구건조증을 유발할 수 있고, 비용이 많이 든다.

난시렌즈는 여러 여건을 고려하여 처방해야 한다. 미용렌즈는 눈동자 색상을 바꾼다든지, 눈동자 크기를 크게 보이게 하나, 투명렌즈에 비해서 산소투과율이 떨어져 장기간 사용하는 것은 바람직하지 않다.

몇 년 전까지 여중고생 일부가 미용렌즈를 무리하게 착용하거나 서로 돌려가며 착용해서 위생관리가 안되어 각막염증으로 각막이 변형되는 사례를 가끔 보았는데, 최근 들어서는 위생 교육이 잘되었는지 미용렌즈에 대한 집착이 줄어들어 이러한 현상은 거의 보지 못했다.

홍채렌즈는 각막에 혼탁이 있거나 실명한 사람의 눈동자를 일반인 눈과 같이 보이도록 한 일종의 미용렌즈이다. 치료용렌즈는 각막이 손상된 표면을 안과에서 재생하거나 통증을 완화하는 렌즈이다. 색각렌즈는 색맹이나 색약을 보정하는 렌즈로 일부 직업에서만 요구되고 있다.

콘택트렌즈를 착용할 때는 이런 점에 주의해야 한다.

1. 렌즈를 세척하거나 보관할 때, 식염수나 렌즈 관리액을 사용해야 하고, 물을 사용하면 안 된다.
2. 좌우 도수가 다른 사람은 좌우 렌즈가 바뀌지 않도록 관리해야 한다.
3. 렌즈에는 앞과 뒤가 있는데, 뒤집어 끼지 않도록 한다. 렌즈를 검지 위에 올려놓고 보면 렌즈 끝이 항아리 같은 모양이면 정상이고, 끝 부분이 나팔꽃 같이 벌어지면 뒤집힌 것이다.
4. 먼지, 황사, 건안, 비행기 안과 같이 건조하거나 먼지가 많은 곳에서는 원칙적으로 렌즈를 착용하면 안 된다. 직업상 착용해야 한다면, 렌즈를 자주 세척하고 인공눈물을 넣으면서 사용해야 한다.
5. 화장하기 전에 렌즈를 먼저 착용해야 한다. 화장 범위나 숙련도 등을 감안해서 눈 화장 후에 렌즈를 착용해야 하는 경우도 있다.
6. 손은 깨끗이 씻어 세균과 오물이 눈에 들어가지 않도록 한다.
7. 충혈이나 통증이 있으면 렌즈 착용을 중단하고 안과를 방문해야 한다.
8. 안질환이 있거나 콘택트렌즈에 알레르기가 있을 때는 착용하지 않는다.
9. 과로, 수면부족, 장시간 독서 등으로 눈이 피로한 경우 잠시 착용을 중지하고 휴식을 취한다.
10. 손톱으로 렌즈를 집으면 손상될 수도 있다.
11. 렌즈보관 케이스에 보관용액이 가득 있을 때 렌즈를 넣으면 렌즈가 떠서 뚜껑을 닫을 때 찢어질 수가 있다.

간추린 안질환

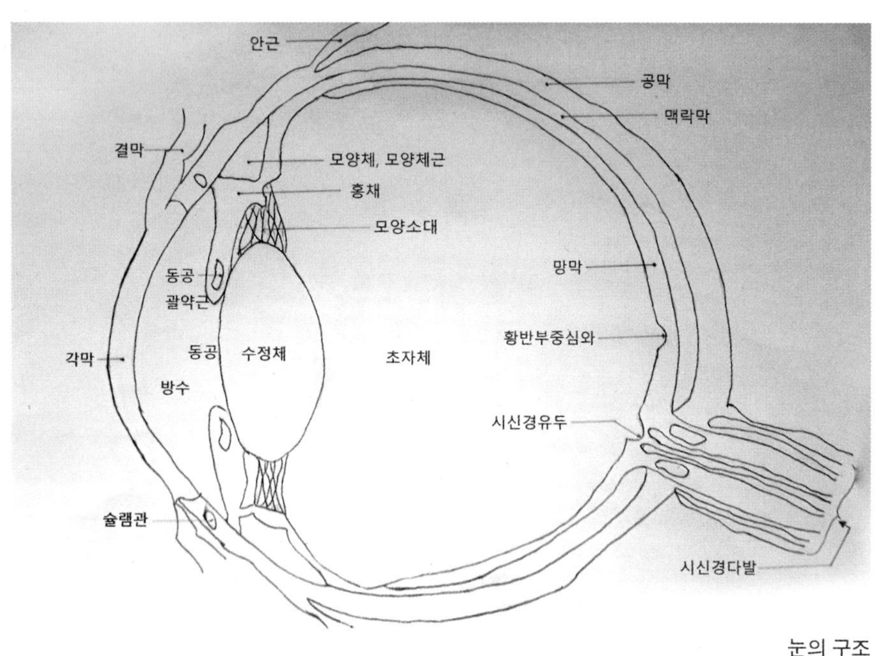

눈의 구조

눈은 신경도 많고 복잡한 구조로 되어 있어 안질환의 종류도 많다. 대표적인 안질환으로 백내장, 녹내장, 당뇨망막병증, 황반변성, 안구건조증, 다래끼, 비문증, 각막염, 결막염, VDT증후군, 망막박리 등이 있다.

백내장은 투명한 수정체가 혼탁해져서 사물이 흐리게 보이는 증상으로 유전, 풍진, 미숙아의 선천적 원인과 노화, 외상, 당뇨병, 방사선, 자외선, 스테로이드제 등 후천적 원인으로 혼탁해진다. 혼탁해진 수정체를 제거하고 인공수정체를 넣는데, 단초점과 다초점 인공수정체가 있다. 단초점은 평소 원하는 거리용으로 시술하면 편한데 그 외의 거리는 안경으로 보정해야 한다. 예를 들어 컴퓨터용으로 수술하면 운전용 안경을 착용해야 하고, 운전용으로 시술하면 컴퓨터용 안경을 착용해야 한다. 원, 근거리를 수시로 보아야 한다면 다초점 안경을 써야 한다.

다초점 인공수정체가 다초점 안경을 대체할 수 있으나, 원거리 및 근거리 시야가 좁아 보여 불편을 호소하는 사람들도 있다. 시력이 안 나왔던 사람들은 다초점 인공수정체에 만족하나, 시력이 아주 좋았던 사람은 다초점 인공수정체 수술을 하고 후회하는 사람이 많다. 다초점 인공수정체는 단초점 인공수정체보다 파면수차가 발생되어 주시물체의 선명도 저하 및 눈부심이 가중된다.

녹내장은 안압이 정상보다 높아져 시신경을 눌러서 시신경이 손상되는 것으로 초기에 치료하지 않으면 실명할 수 있다. 증상으로는 안통, 두통, 구토, 시력 저하, 시야 협착 등이 있다. 안질환이 없이 녹내장이 오는 주원인으로 원시안에 많이 나타나며 안구축이 작은데 노화가 오면 방수(房水)가 빠져나가는 통로가 더 좁아져 안압이 올라가서 녹내장이 발생한다. 안질환(포도막염, 수정체 탈구, 종양, 순환장애, 외상 등)이 있어서 방수(房水)가 잘 배출되지 못해도 또 스테로이드를 장기 투여해도 녹내장이 발생한다.

스테로이드의 부작용이 의외로 많아 백내장, 심근경색, 뇌졸중, 탈모,

간 기능, 당뇨, 성 기능 저하, 소화성 궤양, 신경과민, 골다공증, 비만 외에 면역력 감소로 각종 질병에 취약해질 수 있으므로 의사와 잘 협의해서 사용해야 한다. 녹내장이 만성으로 서서히 오는 경우는 자각하지 못하다가 점차 시력을 잃어버린다. 녹내장은 초기에 치료해서 실명을 방지해야 한다.

당뇨망막병증은 오랜 기간 당뇨가 있었던 사람에게 발생하는데, 미세혈관이 많은 망막에 혈액이 공급되지 못해서 실명하게 된다. 실명하는 원인으로 당뇨가 제일 큰 비중을 차지한다. 당뇨는 혈액이 당 때문에 끈적거려서 미세혈관에 혈액을 공급하지 못하기 때문에 혈액을 공급받지 못한 장기들은 기능이 손상된다.

미세혈관이 많은 신장, 눈, 뇌, 심장, 발끝, 손끝 등에 장애를 일으키고, 고혈압을 동반할 때는 그 치명도가 더욱 높아진다. 그 외로 당뇨의 위험성으로 저혈당쇼크, 인슐린 분비가 급격히 감소하여 폐렴, 패혈증이 오기도 하고, 혈당이 계속 올라가 심혈관질환, 뇌졸중, 뇌혈관 장애 등을 유발한다.

당뇨 이외에 망막질환의 원인으로는 스트레스, 망막 동맥이나 정맥 폐쇄증, 고혈압, 혈전, 신장염, 임신중독, 노화(황반변성), 망막이나 맥락막의 종양, 고도 근시 등을 들 수 있다.

황반변성은 주로 노인에게 발생하고 황반에 색소가 감소하거나, 브루

크막(Bruch막: 망막에 붙어있는 조직)이 파괴되면 그곳으로 신생혈관이 생겨 망막의 색소상피와 신경상피에 침범하여 얼룩을 만들며 변성을 가져온다.

안구건조증은 소프트 콘택트를 장기 착용했을 때, 건조한 환경에 장시간 노출될 때, 눈물이 빨리 증발하는 경우, 눈물 자체가 부족한 경우, 라식이나 백내장 수술의 후유증, 전자기기 사용과 근업을 하면서 눈 깜박임이 적을 때 주로 나타나며, 심하면 인공눈물을 넣어야 하고, 건조한 환경에서는 가습기를 사용하거나, 눈 주위를 가볍게 자주 마사지해주는 것도 안구건조증 완화에도 도움이 된다. 반대로 눈물이 흐르거나 고이는 현상은 눈물이 코 쪽으로 빠져나가는 통로인 비루관이 좁아지거나 막혀서 발생한다.

인공눈물과 식염수에는 방부제 처리가 되어 있지 않다. 일회용을 사용하면 문제가 없으나 용량이 많은 것은 연속 사용하게 되는데, 점안할 때 용기가 눈에 닿던지, 손으로 만지던지, 뚜껑을 잘 관리하지 않으면 녹농균에 감염될 수가 있다. 녹농균에 감염된 것을 사용하게 되면 실명하거나 사망할 수도 있다.

다래끼는 안검에 염증이 생겨서 눈꺼풀 가장자리가 부으며 통증이 생기는 안질환인데 겉다래끼, 속다래끼로 구분된다. 안검 질환으로 속눈썹이 눈 밖으로 자라나지 않고 눈 속으로 자라나서 각막이나 결막에 상처를 내는 첩모난생, 안검하수, 토안(兔眼) 등이 있다.

비문증(날파리 증후군)은 눈앞에 날파리가 떠다니는 것 같은 현상이 보이는 증상이며 번쩍거리는 광시증, 통증, 두통도 생긴다. 노화가 주된 원인으로 유리체(초자체)가 액화되는 과정에서 혼탁이 일어나 비문증이 발생한다. 그 외에도 백내장 수술, 고도 근시, 유리체에 출혈, 망막박리, 당뇨성 망막증 등으로 발생한다.

각막은 눈의 검은자이며 두께 0.55mm인 투명한 조직이다. 이 각막에 포도상구균이나 녹농균과 같은 세균, 단순포진(헤르페스) 바이러스, 푸사리움이라는 곰팡이, 기생충, 콘택트렌즈, 자외선, 자가면역질환, 약제, 외상, 눈이 감기지 않음 등으로 염증이 생긴 것이다. 증상으로는 시력 감소, 통증, 출혈, 눈물 흘림, 눈부심, 눈꺼풀 경련 등이 있다. 각막은 5개의 층으로 되어 있는데 앞에서 3번째가 실질층으로 이곳까지 염증이 침범하면 각막염이 치료되어도 각막 혼탁이 생기거나 각막이 균일하지 못해 시력이 감소한다. 염증이 심해져서 각막 마지막 다섯 번째 층에까지 염증이 발생하면 실명한다. 각막염도 발병 초기에 치료하는 것이 중요하다.

결막염은 눈 외부를 감싸고 있는 조직이 세균(임구균, 수막구균, 폐렴균, 포도상구균, 연쇄상구균 등), 바이러스(아데노바이너스, 언테로바이러스, 헤르페스 등), 진균 등으로 인해 감염되는 감염성 결막염과 꽃가루, 콘택트렌즈, 화장품 등의 외부 물질로 발생하는 알레르기성 결막염으로 분류한다. 결막염은 안질환 중에서 가장 흔하게 발병한다. 증상으로는 통증, 충혈, 이물감, 눈물, 가려움증, 눈곱 등이 있다. 1971년 아폴로 눈병이 유행한 적이 있었는데, 엔테로바이러스(장바이러스)에 의해 발병했었다.

VDT(Visual Display Terminal)증후군은 컴퓨터나 휴대폰을 많이 보는 데서 오는 것으로 근골계에는 어깨, 팔꿈치, 손목, 손가락, 허리, 목이 결리거나 아픈 증상이 오고, 안과 질환으로는 이물감, 충혈, 눈부심, 안구건조증, 굴절이상(난시, 근시 유발), 정신적으로는 인터넷중독, 게임중독, 우울증, 수면장애, 두통, 편두통, 위장장애가 온다. VDT증후군을 예방하기 위해서는 작업환경(조명, 온도, 습도, 환기)을 개선하고, 의자(허리, 목, 손목, 팔꿈치를 받쳐주는 것)를 개선하고, 모니터(눈높이보다 15도 아래, 화면 밝기, 글씨 크기)를 조정하고, 1시간 컴퓨터 작업하면 최소 10분 이상 휴식을 취한다. 스페인 발렌시아 시각과학과 연구팀이 발표한 20-20-20 법칙은 안구건조증과 눈 피로도를 개선하는 것으로 나타났다. 20분 간격으로 20피트(약 6미터) 이상 거리를 20초 바라보는 것만으로도 VDT증후군을 개선할 수 있다.

망막박리가 되면 비문증, 광시증, 커튼이 처진 것 같은 시야장애, 사물이 찌그러져 보이는 증상이 있으며, 고도 근시, 외부충격, 아토피, 노화, 염증, 유리체의 수축 등으로 유리체가 망막을 잡아당겨 망막이 찢어지거나 구멍이 난 곳에 액체가 들어가 박리가 발생한다. 망막박리도 실명할 수 있는 질환으로 증상이 있으면 안과 검진을 받아야 한다.

그 외 안과 질환으로 공막염, 포도막염, 시신경염, 안근, 안위, 안외상, 약시, 색각이 있다.

안경값 거품 논란

안경값에 거품이 많다고 하는 사람이 많다. 과거 매스컴에서 많이 다루어서 그 잔상이 남아있기 때문인 듯하다. 과거 거품 논란이 있었던 것은 재료(안경테와 안경렌즈)만 가지고 안경값으로 생각했기 때문이다. 안경을 만드는 비용 중에 임대료와 인건비 비중이 재료비보다 훨씬 더 크다. 그 외에 관리비, 전기, 통신, 수도, 소모품비, 수선비, 관리비, 카드수수료, 금융비, 각종 세금(부가가치세, 4대 보험, 종합소득세, 원천세, 면허세 등), 감가상각비(기계 및 인테리어), 권리금, 식대, 세무 회계비, 보안 비용, A/S 비용, 기술료, 안경원을 유지하기 위한 적정 마진 등이 있는데, 이런 비용을 무시하고 단순 안경 재료비만으로 논하는 것 자체가 모순이다. 이런 식으로 우기는 것은 "다이아몬드는 공짜가 되어야 한다. 왜냐하면 땅속에서 캐는 것이니까"라고 하는 논리와 같다.

안경은 고객에게 맞게 검안해야 하고 그 검안 결과대로 정확히 조제해야 하고, 착용에 불편이 없도록 피팅을 잘해야 하며, A/S가 잘되어야 한다. 일부 안경원들은 주변 안경원을 비방하거나, 일부 상품을 미끼로 하여 가격만 강조해서 고객을 유인한 다음, 정체불명의 PB상품을 판매하는데 이런 행위는 결국 소비자들에게 피해가 돌아가게 되어 있다. 대표적으로 한국에서 제일 품평이 좋았던 서전 안경테가 미끼 상품의 타깃이 되어 부도가 났다. 가격파괴를 시행한 안경원들이 서전 안경테를 거의 원가 수준으로 판매한다고 광고하고는 미끼용으로 극히 일부만 갖추고 정체불명의 PB상품을 주력으로 판매하였다. 안경원들이 서전 안경테를 정상적인 가격으로 판매하면 폭리를 취하는 꼴이 되니 서전 안경테를 구매하지 않아서 판로가 막힌 서전 안경테는 부도가 났다.

요즈음 안경광학과를 졸업하는 유능한 젊은이들이 안경업에 종사하지 않고 타업종으로 이직하고 있다. 안경업계의 현실을 보면 미래에 희망이 없기 때문이다. 앞으로 몇 년이 지나면 안경의 품질이 떨어질 것 같아 염려스럽다.

나가며

자서전을 쓰는 동안은 영원할 것 같은 내 삶을, 지난날 스쳐 갔던 많은 생각들을 정리하는 시간이었다. 글을 쓴다는 것이 쉽지 않았지만, 한 번쯤은 자서전을 써본다면 보람이 있을 것 같다. 정신 욕심은 20대이고, 신체 현실은 70대인 것을 다시 한번 실감했다. 내게 남아있는 생이 10년, 아니 20년이 될지 모르지만, 남아있는 시간을 좀 더 즐겁고 건강하게 하루하루를 보람차게 살아가고 싶다. 건강과 세월과 술에 대해 좀 더 겸손해지고 싶다. 앞으로의 세계는 점점 더 디지털시대가 되어갈 것이고 이에 잘 적응하지 못하는 늙은이가 현실과 가상의 세계에서 길을 잃고 방황할 때, 이 자서전을 길잡이 삼아 삶의 기준점을 잃지 않도록 하고 싶다. 개인마다 이념과 가치가 다를 수 있겠지만 제일 마지막에는 모두가 ~~~할 껄, ~~~할 껄, ~~~할 껄 하다가 세상을 떠난다.

쥐의 실험에서 사회생활을 하는 쥐가 외톨이 쥐보다 모르핀을 덜 찾는 것으로 나타났다 한다. 또 다른 계급사회의 실험에서는 20% 쥐는 열심히 일하고 저축하고, 60% 쥐는 자기 먹을 것만 챙기고, 20%는 남의 것을 약탈해서 먹는다 한다. 약탈하는 쥐와 저축하는 쥐를 뺀 나머지 자기 것만 챙기는 60% 쥐들로만 재실험하면, 모두가 자기 것만 챙기지 않고 의외로 20%는 저축하고 20%는 약탈하고 60%는 자기 것만 챙긴다고 한다. 인간세계에도 이러한 현상이 있다고 본다. 이러한 현상을 타파하도록 다음 세대가 노력해야 할 것이다.

우리 세대에 번영과 발전을 이루어 경제대국이 되었으나 행복지수는 오히려 떨어졌다. 상대적 박탈감과 상대적 빈곤감 때문이다. 책임을 지는 자유가 필요하고, 부의 분배가 이루어져야 하고, 전쟁이 없는 평화로운 세상을 만들어 가야 한다. 과거 독일이나 일본의 개인 개인을 보면 남에게 폐를 끼치지 않으며 살아가지만, 전체가 모여서 전쟁을 일으켰던 것과 같은 일이 없도록 해야 한다.

한국인이 다른 나라 국민보다 다른 점이 있다면 정情과 흥興과 한恨 그리고 효孝가 남다르다고 할 수 있다. 정의 개념을 풀어보면 사랑, 친근, 배려, 양보, 동화(同和)로 공동체를 법이 없어도 끌어갈 힘이다. 1960년에 한국을 방문했던 펄 벅 여사가 처음 한국에 와서 소달구지에 타지 않고 걸어가는 농부를 보고 피곤할 텐데 달구지를 타고 가지 왜 걸어가냐고 물으니, 농부가 소도 종일 일을 해서 힘든데 나까지 타고 갈 수 없다고 하더란다. 이 말을 듣고 한국 사람은 다른 나라 사람과 달리 정이 있다는 것을 알게 되어 한국 민족을 존경하게 되었다고 한다. 한국에는 무속을 비롯하여 여러 가지 종교가 있지만 서로 다투지 않는 것도 정에 기반을 두었기에 가능하다. 그러나 정이라는 것이 과하면 뇌물이 되고 오지랖이 되니 무엇이든지 적당한 것이 좋다.

흥의 개념은 재미, 즐거움, 놀이이다. 플라톤의 말에 의하면, 인간은 진지한 존재인 신이 자신의 즐거움을 위해 창조한 피조물인데, 인간은 스스로 놀이하면서 신을 기쁘게 한다고 했다. 우리나라에서는 이러한 흥에 겨운 놀이문화가 K팝, 영화, 드라마의 바탕이 되었고 문화대국의 길로 들어서게 하였다.

한의 개념은 괴로움, 슬픔, 분함, 억울함, 화병으로 나타나서 포기도 좌절도 하지만, 한을 이기기 위해 도전, 투쟁, 경쟁, 성취하는 힘의 원천이 되기도 한다.

효는 부모를 공경하고 봉양하는 것으로 웃어른에게는 존댓말을 쓴다. 부모에게 걱정을 끼쳐드리지 않기 위해 도덕과 규범을 잘 지킨다. 이러한 효의 개념으로 유독 가족드라마가 많다. 과거에는 가족을 사랑하는 내용이 많았으나, 요즈음에는 더 자극적인 소재를 찾아 이혼도 외도도 다루고 있으나 드라마는 드라마로 여겨야 할 것이다.

일라이자 미국 버클리대 사회학 명예교수가 한국인들이 똑똑한 이유를 연구해서 발표했다.

1. 쇠젓가락을 사용한다. 손가락 운동은 뇌 발달과 밀접한 관계가 있다.
2. 한글(표음문자)와 한자(표의문자)를 동시에 사용한다. 또한 숫자가 한 음(일, 이, 삼... 십)으로 되어 있어 숫자에 강할 수밖에 없다.

3. 사계절이 뚜렷한 온대기후에서 산다. 환경변화에 적응하기 위해 지능이 발달하게 된다.
4. 근친혼을 엄격히 금지한다. 따라서 인종적으로 우수할 수밖에 없다.

역사적으로 수백 년간 중국의 조공과 내정간섭, 일본의 침략으로 약탈당한 시기에 태어난 대한민국이 북한의 남침으로 수많은 인명이 살상되고 땅은 폐허가 되어 세계에서 가장 못사는 나라로 전락하였다. 젊어 고생은 사서도 한다는 말대로 대한민국은 온갖 고난을 이겨내고 경제대국을 이루었다. 여러 산업이 선두자리에 올라왔고, 문화강국을 건설해나가고 있고, 스포츠, 군사, 교통시스템, 의료시스템 등등 거의 모든 분야에서 이미 선두에 들어가 있다. IMF, 이념의 대결, 노사의 갈등, 민주화 등등 고생고생하며 여기까지 올라왔는데, 이러한 경험을 바탕으로 세계를 선도하는 나라가 되어갈 것이다.

세계에서 가장 완벽한 한글이라는 문자로 문맹률이 거의 없고, 우수한 두뇌가 있고, 정과 흥이 넘치는 우리에게는 세계를 선도할 수 있는 자질이 있다. 세균과 공존해야 사람도 잘 살 수 있듯이 사람과 사람 사이도, 단체와 단체 사이도, 나라와 나라 사이도 적정하게 조화가 되는 세계가 진정한 천국이고 극락이 될 것이다.

오늘날까지 살아오면서 남에게 잘못했던 일이 있었다면 용서를 빌고 싶다. 또 오늘의 내가 있도록 사회에서 도움을 주고 격려해주신 모든 분과 친지 가족들에게도 감사드린다. 자서전의 모양새를 잡아주고 꽃단장을 해준 기획, 편집, 디자인팀에게도 감사를 드린다. 나의 이 아바타 자서전이 누군가에게 도움이 된다면 기쁘겠다. 모두에게 고맙고 사랑한다는 인사를 전하고 싶다.

오늘 하늘도 늘~ 그랬듯이
가을철 마을의 노을은 아름답다.
우리의 인생도 출생에서 영생까지 아름답게 하자.

세월이 성큼성큼 다가와도

나이는 슬금슬금 가자꾸나

젊은날 생글생글 회상하며

늙은날 사뿐사뿐 이겨내자

무릎이 시큰시큰 공격해도

머리가 스멀스멀 잊 혀져도

시간을 슬쩍슬쩍 되돌리자.

깨진 유리창
깨진 마음
깨어진 세계를

깨끗한 손
깨끗한 눈
깨끗한 마음으로

깨어있는 양심
깨어있는 정신
깨어있는 삶으로

깨우치고
깨달아서
깨소금 세상을 만들자.

채종석

전북 옥구 개정 발산초등학교 17회 졸

군산동중학교 17회 졸

군산동고등학교 7회 졸

연세대학교 요업공학과 7회 졸

두산유리 16년 근무

을지대학교 안경광학과 6회 졸

송파구 마천동 씨채널 마천점에서 28년째 동업 중

세월의 **파**도 속에서
깡으로 **노**를 젓다
1953년생

초판 1쇄 펴낸날 | 2023년 7월 27일

지 은 이 | 채종석
펴 낸 이 | 신효철
펴 낸 곳 | 도서출판 계명사
03182 서울시 종로구 새문안로 91
전화 02-733-2087
팩스 02-737-4764
출판등록 300-1964-5호
기획·편집 | 유희인, 김자경
디 자 인 | ADND 아는디자이너 윤나희
인 쇄 | 부광프린팅(주)

ISBN 978-89-7256-710-3 03810
값 18,000원